Karl Marx
A Critic
Of Capitalism

批 判 者 馬 克 思

夏 瑩 / 著

開
明
書
店

目　錄

引子

多餘的話，
總要説在前面

　　一次原本並沒有想成就一本書的寫作，之於我而言，不過是我與自己內心的一次精神的邂逅。

　　學術中人的忙碌與所有朝九晚五的人最大的區別在於休息與工作之間的界限是極為模糊的。某日午後，那一天不是周末，但卻是我多日忙碌之後一個難得的休息日。春日的明媚與書房中的寧靜形成了巨大的反差，這段難得的空隙讓滋生於頭腦中的各色想法，如雨後春筍般迅速成長起來。

　　想到一個月後，5 月 5 日，馬克思就兩百歲了，我有了一點小興奮。一晃之間，我學習、研究馬克思哲學也有二十年了。二十年的研究面對一個誕生了兩百年的思想，自然還是稚嫩的。但這二十年寒來暑往地與馬克思照面，內心所積累的種種痛苦、掙扎、歡愉與喜悅卻不是一兩句話可以說清楚的，彷彿已與馬克思的思想談了二十年的戀愛。一段二十年的「戀情」對於一個人來說早就應該變成了一種無法割捨的「親情」，但由於在這二十年裏我總是不斷地、偶爾地與之疏離，以至於那由此形成的一點點距離，讓馬克思的思想對於我而言，總會有說不盡的「美感」。時至今日，每每重新讀馬克思，我還是常常會有所驚歎和感慨。

　　於是，我突然有了這樣一個想法，為馬克思兩百周年誕辰，我應該做點什麼，以茲紀念，紀念馬克思思想漫長而旺盛的生命力，紀念自己閱讀馬克思這二十年的種種累積。於是我開始重新翻開馬克思著作，從他中學時代的作文《青年在選擇職業時的考慮》開始，再一次

地從頭閱讀馬克思。

紀念是為了不被忘卻。但馬克思之於今天的我們而言，卻是一個近乎無須紀念，卻總是會被人們不斷提起的思想家。原因很簡單，因為馬克思畢其一生所討論和研究的那個時代，不是過去了，而是剛剛徹底揭開它的面紗，呈現出它的真實面貌。

今天的我們被互聯網覆蓋着，被各色新的技術名詞轟炸着，共享、平台、區塊鏈……我們似乎在以一種加速主義的態度衝入一個「新」的時代，但事實是否真的如此呢？戴上馬克思給我的「有色眼鏡」，我環顧四周，總覺得在這一片繁華之下，並沒有看到什麼新鮮東西。資本，正在成為新的變形記的主角，它百變着自己的造型，遮蔽着它吸血鬼的本來面目。由是，我們格外需要馬克思，他的資本批判讓我們洞穿了這個時代的所有祕密。

因此，從馬克思的思想出發，我們就不會被圍於一

個個思想的故紙堆裏,他總能給予我們一種審視和批判現實的力量。

所以,當我重新開始一篇篇閱讀馬克思的文獻,我所體會到的並不僅僅是馬克思自身思想的發展歷程,而且還發現了一個出生於現代社會初期的先知,因為思想的深邃讓他看到了別人看不到的現代性的本質與未來。他一步步的成長歷程,賦予了他腳踏實地的成長方式,因此他的預言不是彌賽亞的降臨,而是現實社會可能的走向;他所要做的,不是簡單地接受既有的一切,而是要人們奮起而戰,以「改變世界」而非「解釋世界」為己任。

思想更多的時候並不是僅僅通過學術形態才能得到準確的表達。特別如馬克思一般的思想家,他一生都未能獲得任何大學的教職,他所討論的問題也從未圍於哲學的經典問題之內。一方面,我們可以說,馬克思極大地拓展了哲學討論的問題域;另一方面,或者也可以說,馬克思根本就不是一個純粹的哲學家。他的親密

戰友恩格斯曾斬釘截鐵地說：「馬克思首先是一個革命家。」對於這一判定，今天的我們應該給予足夠的重視。

　　所以在這裏，我試圖用一種我從未嘗試過的方式來講述與我「相戀」二十年的馬克思：一種短小的散文式寫作，同時也呼喚着一種短小的、散文式的閱讀。它所開啟的是一個有着肉身的馬克思。因此，我希望在這些思想的片段當中，讀者看到的不是一個一蹴而就、橫空出世的思想大師，而是一個充滿冒險精神、富有青春活力的思想歷險者。他與我們一樣，也曾經為了讀不懂某些理論著作而苦惱、困惑，對某些思想的接受也有其稚嫩而片面的時刻，對現實發生的某些事件也有一時間判定不準的時候，這是任何一種思想成熟過程中必然要經歷的「成長的煩惱」。馬克思，特別是在這本小冊子裏所討論的青年馬克思，用他留下的各色文獻驗證了我們所提到的這一切。當然在其中，我們也自然會看到一個思想家的才華橫溢。這些才華的外露雖然還沒有被系統闡發，但足以閃現出天才的光芒。

　　我所努力的另外一個方向，則是在這些類似思想的片段當中呈現出中國馬克思哲學界這些年來最為新銳的學術觀點。思想，當它成為一個近乎百年的研究對象的時候，它被闡發的體系性和學術性是不可避免的。因此最終，我的「小野心」就在於能通過這種散文式的方式講述出一個活生生的、同時富有學術性和思想性，兼顧經典性與時代性的馬克思。

　　我希望把馬克思的著作本身講得「好玩兒」，希望馬克思就此能夠變身為一個「可信又可愛」的思想家。在這本書中，我們所討論的是完成了《1844年經濟學哲學手稿》之前的馬克思，是二十六歲之前的馬克思，是青春化的馬克思。因此，在這本書中與大家照面的將是一個懵懂過、迷茫過、刻苦學習過，也激進鬥爭過的馬克思。

古羅馬城中
誕生的「德國人」

第一章

馬克思今年兩百歲了，這兩百年對於人類歷史來說是一個被加速主義佔領的兩百年。馬克思出生的時候（1818年），機器這個物件，還是極為新奇的，並不能讓人感到興奮。蒸汽輪船越洋，蒸汽機開始進入工廠，火車軌道也突然出現在原初僅僅長着青草的地方。人們正在開始習慣用電報而不僅僅是書信來傳遞消息。機器，一方面作為人延長的手臂，另一方面又以其龐然大物的樣子開始了與人的對抗性生存。這種對抗性，或許在開始的時候還僅僅表現為形態上的對抗：一個是冷冰冰的龐然大物，一個是擁有喜怒哀樂、懂得思考，卻如蘆葦一般軟弱的存在；而隨後，這種對抗性，則開始表現為相互的確證與否定，有時候，機器將人的頭腦中的觀念瞬間化為現實；有時候卻如吸血鬼一般榨取着「站在機器旁邊的人」的最後一滴血。對機器的反思，在某種程度上必須成為我們思考馬克思的時空前提。

當然還有另一個時空前提也很重要，那就是馬克思是一個德國人。西方馬克思主義重要的研究者科拉科夫

斯基說，這一點「並不像乍看起來那麼平淡」❶。它注定
成為我們開啟馬克思思想之旅的必要起點。1818 年的
德國處於德意志聯邦時期，分封割據之勢並未破除，德
意志國家的統一還未完成。馬克思所出生的那個叫作特
里爾的小城，靠近盧森堡，卻有近兩千年的歷史。在奧
古斯都時期，不晚於公元前 16 年，羅馬人在今天的特
里爾建立了「奧古斯塔·特萊佛里」，其意為「特萊佛
里地區的奧古斯都之城」。在 293 年的「四帝共治」時
期，特里爾成為西部帝國愷撒（編者註：凱撒在羅馬帝
國時期作頭銜是指副皇帝，「奧古斯都」的頭銜稱為正
皇帝，副皇帝即正皇帝的幫手兼繼承人。）君士坦提烏
斯一世的駐地。於是，在這個袖珍小城中，我們可以一
口氣看到七八處近千年的世界文化遺產。多年前，我曾
匆匆經過這座小城，記得那一天到達那裏的時候，正值
黃昏，夕陽西下之際，當我穿過佇立在特里爾小城中心

---

❶ ［波］萊澤克·科拉科夫斯基：《馬克思主義的主要流派》第一卷，
　唐少傑等譯，黑龍江大學出版社 2015 年版，第 1 頁。

被稱為「黑門」的古羅馬時代城門的一瞬間，有一種時空穿越的感覺。這就不難理解青年馬克思為什麼能夠寫出如同《斯考爾皮昂和費利克斯》[1] 那樣「魔幻現實主義」般的小說，其中，不僅時空錯位，而且人神共在，仙女與魔鬼隨時隨地平靜地降臨在馬克思的書房當中，與洛克、費希特、康德、黑格爾的思想靈魂一起不斷激蕩着青年馬克思的心靈。我相信，在 19 世紀 20 年代的某一天，小馬克思一定也如我一樣在夕陽下流連於特里爾的黑門下，冥思過往。

出生在被古羅馬文化圍繞和浸染的這個德國小鎮，馬克思似乎經歷了一個時空的錯位，但作為德國古典哲學的忠實學徒，馬克思的思想起點卻是正統的德國哲學。「德國古典哲學」是中國學界談論 18—19 世紀德國哲學的一種表述方式。所謂「古典」對於我而言，意味着「經典」，一種德國哲學的經典形式意味着它的概

---

[1] 參見《馬克思恩格斯全集》第 1 卷，人民出版社 1995 年版，第 807—831 頁。

念、討論範式與方法都已成為一個範本：從康德開始，途經謝林與費希特，而後終結於黑格爾，四位偉大的思想家在短短不到百年的時間中（從康德批判時期即 18 世紀 70 年代到晚年黑格爾的法哲學原理時期即 19 世紀 30 年代）奠定了近代思想的基本主調，並圍繞這一主調演奏了各色的變奏。其間，康德，作為哥尼斯堡的一位另類德國哲學家（這一小城目前已經歸入俄羅斯，可見其地理位置的獨特性），以界限性思維方式，以有限性的前提假定卻扎扎實實地弘揚了無限的人類理性：一邊將上帝的頭顱放在天平上去稱量，一邊用上帝的假設來完成人為自身立法的保障。這種「外在」矛盾的性格，並不是很「德國」。分裂而落後的德國，一種對統一性的訴求，近乎成為一種信仰，瀰漫在後康德的時代，因此，雖然康德的批判哲學橫空出世，但卻缺乏固有的德國基因。因此，我認同德國著名學者亨利希的觀點，即康德與其後的費希特、謝林與黑格爾處於平行狀態，而非線性繼承。雖然在表面上，康德留下的「物自體」問題成為了隨後這些哲學家們不斷追問的共同話題。

出生於 1818 年的馬克思，自然也是這些哲學家思想的追隨者。康德、費希特、謝林都曾出現在早期馬克思的文章、書信和甚至詩作中：

康德和費希特喜歡在太空遨遊，

尋找一個遙遠的未知國度；

而我只求能真正領悟

在街頭巷尾遇到的日常事物！❶

這首詩題記為《黑格爾》，通篇所表達的是作為學生的馬克思對於作為老師的黑格爾之思想的「崇拜」，他思想的浩瀚固然讓馬克思折服，但其思想的晦澀也一定折磨着他：「請原諒我們這些短小詩篇，如果我們唱

---

❶《馬克思恩格斯全集》第 1 卷，人民出版社 1995 年版，第 736 頁。

的調子惹人討厭；我們已把黑格爾的學說潛心鑽研，卻還無法領略他的美學觀點。」❶好吧，那個時候的馬克思還沒有成為黑格爾的知音。但有一點是確定的，終其一生，馬克思總是需要不時回到黑格爾，以便獲得思想再生長的營養，即便此時沉迷於詩歌創造的馬克思，卻也已經對這一點心知肚明了：面對黑格爾，「每個人都可以啜飲這智慧的玉液瓊漿」❷。

　　好了，還是讓我們回到剛剛列出的那一小段詩吧。這段詩以質樸的方式，讓我們看到了青年馬克思與康德、費希特之間的差異。的確，費希特雖然遭到了康德的直接駁斥，後者希望不要將他的聰明才智浪費在前者所做的知識學的建構之上，但費希特也的確是那個時期最理解康德的人，試想有誰能在短短一個月趕寫出一篇

❶《馬克思恩格斯全集》第 1 卷，人民出版社 1995 年版，第 736 頁。

❷《馬克思恩格斯全集》第 1 卷，人民出版社 1995 年版，第 735 頁。

致敬康德的文章以至於被誤認為是康德本人所做？其對康德思想把握之精準，可謂無人可及。因此，儘管兩者在哲學的表現方式上並不相同 —— 康德堅持理論理性與實踐理性之間的劃界，而費希特卻試圖以實踐理性統合理論理性，最終完成一種行動哲學的構建 —— 但兩者對於「應當」的強調卻始終未變。

青年時期的馬克思用這首詩所表達的顯然是對這種「應當」思想的否定，就這一點而言，馬克思其實已經天然與黑格爾站在一條戰線上，只是此刻的馬克思，還未意識到而已。馬克思終其一生，並不喜歡在「太空遨遊」，他的確更關注那些發生於街頭巷尾裏的故事。否則，他會無視被現實的物質利益所入侵的德國社會，也必將無視大機器生產給人們帶來的苦難。畢竟，對於當時的德國而言，經濟問題，絕非德國社會現實中佔據主流的話題。擅長思辨的德國人，還在關心宗教與道德的形而上學，馬克思卻在黑格爾思想的引領下，開始了對經濟事實的關注。當然黑格爾對於街頭巷尾故事的關注

方式與馬克思截然不同。前者還是習慣於「在睡帽中鬧革命」，而後者卻已經隨時準備走上大街與工人群眾融為一體了。

這個誕生在特里爾古城中的德國人，一邊充滿着古羅馬文化時空錯位式的魔幻想象，一邊又有着德國人固有的冷靜沉思；一邊每天閱讀着洛克、康德與費希特，一邊卻關注着街頭巷尾的人世百態。如果我們追溯馬克思之為馬克思的思想為什麼會表現為這樣一種樣態：即一種哲學—經濟學混搭的思想類型（不得不提請大家注意的是，這樣一種混搭對於當時的德國哲學來說，其實是一種非常奇怪的樣態），那麼或許我們的確需要重返特里爾小城，回到馬克思的書房裏，做一次時空穿越，去體會青年時代的馬克思那極為獨特的心路歷程。

馬克思為什麼獨愛伊壁鳩魯？

—— 馬克思的《博士論文》(一)

第二章

1839 年年初到 1841 年，馬克思撰寫了他的博士論文。題目很長 —— 但相對於當時的德國論文標題似乎也算是短的 ——《德謨克利特的自然哲學和伊壁鳩魯的自然哲學的差別》，這幾乎可算作馬克思的一個哲學起點。某種意義上說，馬克思的研究符合當時所有大學裏都在流行的黑格爾哲學的基本精神：邏輯與歷史的完美統一。希臘是整個哲學的起點，同時也成為馬克思思想的起點。

然而叛逆的馬克思顯然不會成為任何一個既定邏輯體系中的某個環節。所以當他選擇希臘哲學作為其博士論文之對象的時候，顯然包含着某種思想弒父的情緒（所有的博士論文在本質上都「應當」包含這麼一點色彩，否則很難有所創建），因為在其博士論文的序言部分，馬克思就斬釘截鐵地說：「關於這篇論文的對象沒有任何先前的著作可供參考。」❶ 而「雖然黑格爾大體

---

❶ 《馬克思恩格斯全集》第 1 卷，人民出版社 1995 年版，第 10 頁。

上正確地規定了上述各個體系 ❶ 的一般特點，但是一方面，由於他的哲學史 ── 一般說來哲學史只能從它開始 ── 的令人驚訝的龐大和大膽的計劃，使他不能深入研究個別細節；另一方面，黑格爾對於他主要稱之為思辨的東西的觀點，也妨礙了這位巨人般的思想家認識上述那些體系對於希臘哲學史和整個希臘精神的重大意義。這些體系是理解希臘哲學的真正歷史的鑰匙。」❷

　　這裏有兩個判定，需要我們特別注意：第一，只有黑格爾寫了一部哲學史。這個判定之精準足以展現出青年馬克思對於黑格爾的深刻理解。黑格爾的哲學史是包含着立場和態度的哲學史，在他看來，哲學就是哲學史本身。因為哲學史對於黑格爾而言，絕非一些思想的碎片，隨意散落在不同時代的各個角落；恰恰相反，在黑格爾那裏，他認為重要的哲學家在某個特定的時間說出

---

❶　此處指伊壁鳩魯主義、斯多亞主義和懷疑主義這一組哲學。

❷　《馬克思恩格斯全集》第 1 卷，人民出版社 1995 年版，第 11 頁。

了特定的觀點，它一定是哲學史的整體性發展已經預先規定了的，因此那些略微偏斜出這個規定的思想家，可以完全不入他的法眼，也就不算什麼哲學家了。因此，在黑格爾的哲學史中，即便談論到馬克思所鍾愛的這段歷史也顯得草草了事，且評價不高。所以馬克思的這一研究就顯得尤為重要。

第二，此時一個滿口還在跟着黑格爾喊自由意志、自我意識的馬克思，已經發現了黑格爾的「思辨的觀點」是有問題的。這個小小的指認對於馬克思的思想發展來說有着大大的意義。思辨（Speculative），在經濟學中意味着「投機」，在哲學中則更多地意味着一種僅僅固守於思維中的遊戲。它不僅要求用抽象的概念表述一切，更重要的還預設了一種概念與現實的預定和諧。老黑格爾（這個時候，黑格爾已經進入他的晚年法哲學時期）就這麼有自信，他就用了一整部概念組成的《邏輯學》去表達他所理解的現實的真理。現實世界街頭巷尾的那些事兒，的確不那麼重要，表達它們的概念才是它

們的真理本身。哲學家討論真理就好了，這是哲學家思考現實的一種方式。青年馬克思，這個時候，還剛剛只是學着用一個希臘人物的研究來與他的思想導師唱唱反調，但卻已經開始意識到「思辨」這件事可能有問題。這對於後來成長為唯物主義者的馬克思來說，不應算是一件小事。

說了半天馬克思的「序」，很抱歉，還沒有進入正文。不用着急，如果不理解這個時候馬克思究竟想幹什麼，我們直接進入這篇學位論文，你一定會覺得有些部分，馬克思實在太過於沉迷於一些細節的分析上，多少有些 boring，但如果我們知道他要做什麼，那麼這些細節就變得很重要了。

比如，我們需要留意馬克思在序言中對於普羅米修斯的熱情讚頌：

哲學並不隱瞞這一點。普羅米修斯的自白

「總而言之，我痛恨所有的神」

就是哲學自己的自白，是哲學自己的格言，表示它反對不承認人的自我意識是最高神性的一切天上的和地上的神。不應該有任何神同人的自我意識相並列。❶

這個時候的馬克思終究還是一個片面的小黑格爾主義者。他用普羅米修斯所隱喻的不過是黑格爾思想中對自由意志的強烈關照。說他還是片面的，因為其實，對於黑格爾而言，自由，並不是一個自我意識的「任性」，即如青春期的叛逆，總要擺出一副與現實作對的樣子 —— 顯然，普羅米斯修對一切神靈的痛恨，就似乎恰好如同一種青春期的躁動 —— 相反，黑格爾的自由是主觀精神與客觀精神的契合與統一，是一種能夠在對象化世界中看到自我的和解。好吧，這些晦澀的表達，可能並不是一下子就可以搞懂的，但或許隨着我們

❶ 《馬克思恩格斯全集》第 1 卷，人民出版社 1995 年版，第 12 頁。

深入閱讀馬克思，黑格爾的這套「黑話」可能得到某種
程度的理解。然而，這個時候的馬克思對於自我意識如
此強烈地歌頌，只能算是黑格爾思想的一個片面化的解
讀，是對一種帶有主觀任性之自由的歌頌。

　　於是，正是基於這樣一種問題框架，馬克思將目
光投向了伊壁鳩魯，這個在希臘研究界不太熱衷討論的
人物。如同任何一部規範的學位論文，馬克思頗有耐
心地用了一些氣力來梳理這些前輩的研究者，比如在第
一部分中「對德謨克利特的物理學與伊壁鳩魯的物理學
的關係的判斷」一節，這些觀點大致相同，大體上將伊
壁鳩魯視為古代原子論創始人德謨克利特的一個「剽竊
者」 ❶。的確，兩個人都強調原子對於現實世界所具有的
基始性的地位。對於馬克思而言，他的博士論文的「創
新點」卻在於清晰地指認了兩者之間存在的重大區別：

---

❶　參見《馬克思恩格斯全集》第 1 卷，人民出版社 1995 年版，
　　第 18 — 20 頁。

比如，面對感性世界，德謨克利特因為缺乏伊壁鳩魯的獨斷性，幾乎要戳瞎自己的雙眼，以期得到真理，但伊壁鳩魯卻以獨斷的態度獲得了滿足和幸福；「德謨克利特把必然性看作現實的反思形式……《論哲學家的見解》的作者關於這點說得更為詳細：『在德謨克利特看來，必然性是命運，是法，是天意，是世界的創造者。物質的抗擊、運動和撞擊就是這種必然性的實體』」❶。而與此相反，伊壁鳩魯則認為必然性是不存在的。並不是他不相信命運，而是伊壁鳩魯確信：「在必然性中生活，是不幸的事，但是在必然性中生活，並不是一種必然性。通向自由的道路到處敞開著，這種道路很多，它們是便捷易行的。因此，我們感謝上帝，因為在生活中誰也不會被束縛住。控制住必然性本身倒是許可的。」❷

---

❶ 《馬克思恩格斯全集》第 1 卷，人民出版社 1995 年版，第 25 頁。
❷ 《馬克思恩格斯全集》第 1 卷，人民出版社 1995 年版，第 26 頁。

謝天謝地，我們有了伊壁鳩魯，否則，人是否就只能拜倒在必然性的石榴裙下不得翻身呢？如果看了馬克思所列舉的這些差別，相信你也會多少愛上伊壁鳩魯。畢竟對於幸福，安樂和自由的追求，作為啟蒙後的我們，又有誰會否定呢？講到這裏，我想大家多少會理解馬克思為什麼獨愛伊壁鳩魯了吧。正是伊壁鳩魯而不是德謨克利特，在古希臘哲學中最為直接的弘揚了感性的人掙脫必然性之束縛的可能性。伊壁鳩魯就是當時馬克思理解的以自我意識為軸心的黑格爾的古希臘代言人。把這個思想家挖掘出來，加以詳細討論，在那個年代一定是頗有創新力的。相信如果我是當時馬克思博士論文的答辯委員，我會極為真誠地在他的答辯表格上寫上一句今天博士答辯中常出現的套話：該論文論點清晰，論證有力，填補了當前學界的理論空白，並極富有現實意義。

至於其現實意義究竟是什麼，我願意留待下回分解啦。

　　補充的話：據麥克萊倫的《馬克思傳》記載，馬克思在 1841 年 4 月 15 日缺席的情況下被授予了學位。[1] 換言之，馬克思的博士學位並非通過答辯而獲得。從後來馬克思一貫的論戰式的文風來看，我曾認為馬克思一定是一個極為善辯的人。但從以賽亞·柏林的小冊子《卡爾·馬克思，他的生活與他的環境》中一段對馬克思公眾形象的描述，讓我着實為他的論文答辯捏了一把汗：

　　柏林這樣描述馬克思為數不多的幾次會議發言：「他的發言承載了過多的材料，並以一種單調和粗糙的方式被傳達出來，其所激發出的只能是聽眾對他的尊重，而非熱情。他是一個理論家的性格，一個知識分子，直覺上避免與大眾的直接接觸……」[2]

---

[1] 參見 ［英］戴維·麥克萊倫：《馬克思傳》，王珍譯，中國人民大學出版社 2016 年版，第 32 頁。

[2] Isaiah Berlin，Karl Marx, His life and Environment, Oxford University Press, 1939, p. 2.

一個唯物主義者是
怎樣煉成的？

—— 馬克思的《博士論文》（二）

第三章

對於馬克思的《博士論文》，要說的話還有很多。在上一回，我曾經說過，這一次我要談談《博士論文》的現實意義。而在我看來，要談到它的現實意義，就不得不涉及一個與馬克思的名字緊密相連，但卻極為複雜的哲學概念：唯物主義。

唯物主義（Materialism）這個詞，在西方一直以來都不是一個很積極的概念。它在日常生活中被看作是一種享樂主義，在理論上則意指一些極為粗陋的哲學觀點。但自 17 世紀以後，特別是到了 19 世紀，整個世界哲學都迎來了唯物主義的春天，這期間不僅包括拉美特利的《人是機器》的直白書寫，還有與馬克思同代人的新康德主義代表人物朗格的《唯物論史》的長篇大論，好像一下子，所有人都變成了「唯物主義者」。為什麼？我想原因並不複雜，因為在此期間，市民社會逐漸脫離國家成為社會生活的主導，從事物質生產正在或者已經成為了當時人們的主要生活方式。這種時代精神需要一種與之匹配的思想，而這一思想則非「唯物主義」莫屬了。

但哲學，本質上是一個理想主義者（Idealist）的事業，因此那些不關注 idea（理念）或者 ideal（理想）的理論，很難在哲學上有所建樹。唯物主義就是一種試圖用觀念來言說非觀念的客觀世界的一種學說。這麼一說，大家應該能夠感覺到其中包含着理論的扭結。所以哲學科班出身的馬克思在 19 世紀中期要做唯物主義哲學，這實在不是一件容易的事情。追根溯源，這個哲學史上最偉大的唯物主義思想的源頭應被定位到馬克思對於伊壁鳩魯的這個研究。

一個在西方馬克思主義研究界頗有影響的人物 —— 他正好比馬克思小一百歲。他的名字叫作路易·阿爾都塞，法國人，出生於 1918 年。此刻先留白。在此我忍不住要提到他，只是因為，在我看來，正是這個小馬克思整整一百歲的阿爾都塞是真正理解馬克思的唯物主義的人。在其晚年論述有關「偶然相遇的唯物主義」（Aleatory Materialism）這一關鍵範疇時重新撿起了馬克思《博士論文》中涉及的這個人物 —— 伊壁鳩魯，

同樣指出了伊壁鳩魯所謂的原子偏移學說，構築了「一切可能的偶然唯物主義哲學的模子」。因為在阿爾都塞看來，在伊壁鳩魯那裏，「世界（諸世界的無限性）從clinamen（拉丁文：偏斜）一產生就開始存在。與無限的平行下落的原子的『原子之雨』（絕對虛空中的雨）相比，那是微乎其微的『偏斜』。這種clinamen是一種『幾乎微不足道的東西』，一種微不足道的東西，無法預先知道它會在何時、在何地產生，但它卻產生了諸世界。」[❶]

這一論斷與馬克思在《博士論文》中對伊壁鳩魯的論斷如出一轍。對於馬克思而言，伊壁鳩魯所發現的原子偏斜運動：「正是要超出決定論」，並且「如果原子不是經常發生偏斜，就不會有原子的衝擊，原子的碰

---

❶ 參見 Louis Althusser, Philosophy of the Encounter: Late Writings, edited by Francois Matheron and translated by G.M.Goshgarian, London: Verso, 2006。

撞，因而世界永遠也不會創造出來」❶。

不知大家是否能夠感覺到兩段文字的相似性？我想有兩點是不可否認的：第一，原子偏斜帶來的偶然性壓倒必然性；第二，正是因為這種偶然的相遇，世界才被構造出來。

說了半天，如果你不太了解古希臘哲學史上這段有關原子論的爭論，相信你對伊壁鳩魯所具有的重要意義不會有感覺，自然也就體會不到馬克思的創見了。在古希臘哲學史中，德謨克利特是第一個試圖從事物自身內部來解釋事物的本質、運動、變化的人，這一點在當時其實是一個很偉大的事情，因為當時被稱為哲學家的人雖然都在尋找世界的統一性，但要麼用一個具體的經驗事物，如水、火等來說明其他一切事物，要麼用一個抽象的概念，如存在來概括其他事物，但只有德謨克利特似乎長了一雙顯微鏡的眼睛，看到了事物內部的微觀結

❶ 《馬克思恩格斯全集》第 1 卷，人民出版社 1995 年版，第 36 頁。

構，用一種叫作「原子」的基礎單位來描述事物，因為
事物是由多個原子構成的，於是事物的變化都可以通過
事物自己內部來加以說明。而這個原子，在德謨克利特
那裏又獲得一個極為物質性的界定，因此說他是第一個
地道的「唯物主義者」，的確有道理。比如他認為原子
是有體積和形狀的，這個說法就很「唯物」，因為你不
能說「存在」這個抽象概念是有體積和形狀的。同時，
他還很熱衷討論原子的形式差別，以及原子的地位和次
序等等差異。正是這些差異構成了事物之間的差別。但
馬克思在此特別對比了伊壁鳩魯與德謨克利特在這個問
題上的不同看法，對於伊壁鳩魯而言，原子有重量，這
件從未被德謨克利特所關注的事，突然變得很重要，並
且「由於體積、形狀、重力在伊壁鳩魯那裏是被結合在
一起的，所以它們是原子本身所具有的差別」❶。這句話
的意思其實就是說，德謨克利特所說的那些地位與次序

---

❶ 《馬克思恩格斯全集》第 1 卷，人民出版社 1995 年版，第 42 頁。

的差別都是一個外在於原子的差別，而伊壁鳩魯的這些差別卻實際上預設了每一個原子作為一個獨特的個體而具有的差別。這兩個觀念的確截然不同。我們舉個例子來說明這一點：面對兩排樹，德謨克利特更多看到的是兩排樹的排列順序的差異，第一排的第一棵樹是楊樹，第二排的第一棵樹是柳樹……而伊壁鳩魯則關注兩排樹的每一棵樹所具有的獨特性，楊樹與柳樹之間的質的差異，而不關心它們排列順序的不同。換言之，如果說德謨克利特關注的是原子之間的外在差異，那麼伊壁鳩魯所關注的則是原子之間的內在差異。

由此，你會發現，如果我們如伊壁鳩魯一般尊重每一棵樹所具有的獨特性，那麼我們就可能會進一步認同，每一棵樹都應該有自己成長的自我意識，因為它的獨特性，它應該有權利決定自己的成長方向與成長路徑。的確，馬克思口中的伊壁鳩魯就是這樣去描述原子的，於是，因為原子是獨特的，因此它就不一定如德謨克利特那樣大而化之地將原子的下墜僅僅看作是一種直

線運動，既然是包含着自我意識在內的原子，原子就有可能自作主張地發生一點偏移。好了，這一點偏移可不得了。因為這種偏移，原子之間產生了相互碰撞的可能性，原子理論就可以用來討論世界的創生運動了。馬克思甚至做了這樣一個類比：伊壁鳩魯的這種立場觀點，「在政治領域裏，那就是契約，在社會領域裏，那就是友誼」❶。這個說法在論文當中，沒有上下文，顯得非常突兀，但他的意思，我是明白的，這個時候馬克思已經將一個充滿碰撞與矛盾的原子偏移運動視為人類社會的隱喻化表達。在其中每一個擁有自我意識的獨立個體正是在與其他個體的相互作用中共同構成了馬克思版本的社會起源論。

馬克思成長為一個唯物主義者，需要借助於一個入口，而這個入口竟然不是被古希臘普遍認可的唯物主義者德謨克利特，而是這個充滿爭議的伊壁鳩魯，更何況

❶ 《馬克思恩格斯全集》第 1 卷，人民出版社 1995 年版，第 38 頁。

這個時候的馬克思總是用諸如自我意識的表達方式來描述伊壁鳩魯的原子論理論，難怪學界總是認為馬克思的《博士論文》所印證的只是馬克思還沉迷在黑格爾思想的事實。但如果換個思路來談唯物主義，我卻發現，其實馬克思從伊壁鳩魯的這個入口進入唯物主義才是真正地成就一個唯物主義者的康莊大道。

在我看來，唯物主義應該有兩個規定：第一，是我們所熟知的物質第一性的規定，這個規定，我更願意將其概括為客觀性優先；第二，則是被阿爾都塞所闡發清楚的，並實際上在馬克思的《博士論文》中已經獲得表達的規定，即偶然性對必然性的操控，對決定論的超越。在我看來，這兩個規定對於界定唯物主義，可謂缺一不可。

馬克思正是借助於伊壁鳩魯的思想而成為一個唯物主義者，儘管這個時候的馬克思滿口說的還是黑格爾式的套話，但顯然他已經為自己預備好了脫離黑格爾的理論武器。

如果這部手稿
沒丟，究竟會
說些什麼？

第四章

　　博士畢業以後的馬克思沒能在大學裏謀到個職位，只好轉而開始做一種類似記者的工作。很久以後，當馬克思回顧這一時期的時候，曾指出，正是這段經歷，幫助他發現了有關物質利益的問題。但今天當我重新閱讀馬克思於 1837 年 11 月 10 日給父親的一封信時，卻發現馬克思之所以能夠發現物質利益的問題，歸根結底還是因為他在寫作博士論文之前就已敞開了這樣一個問題域：他要用哲學的方式來談論社會「現實」。

　　用哲學討論「現實」，這其實並不像說起來那麼簡單。哲學既然是理想主義者的家園，那麼用理想來說「現實」其實是一件很困難的事。稍不留神，現實就變成了概念（Conception），概念就變成為理念（Idea）或者理想（Ideal）。所以康德不主張我們可以認識「物自體」，就是因為物自體不是觀念，而我們的觀念只能認識觀念，不能認識不是觀念的那些東西。真是好繞口的一句話，但卻也是很重要的一句話。舉個例子來說，我欠了你一百塊錢，如果你認為我的觀念可以認識，或者

就是現實本身，那麼我就不用真的還給你一百塊錢，只要說一句，我在觀念中已經還給你錢了，一切就萬事大吉了。這件事，你一定不能接受，所以觀念和現實不是一碼事，這應該並不那麼難以理解了吧。

但到了黑格爾與馬克思的時代，情況有了些許變化，人們開始發現有一種「物自體」並不僅僅是外在於我的那些桌子和椅子，同時還包括人與人構造出來的法律的、道德的、經濟的規則，這些規則逐漸成為了一種人造的自然，成為了外在於我們每個人的「社會現實」。對於這個現實，因為它本身或許就是人創造的，因此人們似乎有能力來思考它了。從黑格爾開始，用哲學來思考現實，就不是那麼奇怪的事情了。

大家不要忘記，馬克思原來是學法律出身的，所以對現實的關注應該也算是一種專業要求。但因為癡迷於康德、費希特和謝林，所以從一開始，馬克思就好像對具體的法規不太感興趣，而對法的形而上學頗為留意。所以當他向父親彙報這一年來都做了些什麼的時候，他

列出一個有關法的形而上學的體系。這個體系，在我看來如同黑格爾法哲學的低配版，並不是那麼高明和富有獨創性，所以馬克思後來直接放棄了構造這個體系的嘗試，真是明智之舉。

但這個嘗試的結果讓馬克思重新發現了黑格爾的意義。因為對於法的研究，讓馬克思發現脫離現實的理想主義玄想，都是虛假的，一落到執行就變得很荒唐。於是他開始重新閱讀黑格爾：「不過有個明確的目的，這就是要證實精神本性也和肉體本性一樣是必要的、具體的，並且具有同樣的嚴格形式；我不想再練劍術，而只想把真正的珍珠拿到陽光中來。」[1]

馬克思的這個比喻很有趣，我把這個比喻的效果等同於黑格爾諷刺康德思想的那個比喻：不能站在岸邊學游泳。想來練習劍術，在馬克思的時代一定已經是一個

[1] 《馬克思恩格斯全集》第 40 卷，人民出版社 1982 年版，第 15 頁。

無用的技術了，既不能真的用來打仗，也不可能成為展現自身魅力的手段，畢竟決鬥，好像從來不是沉靜的德國人願意做的事情吧。

於是把「真正的珍珠拿到陽光下來」，這個很平常的工作卻似乎變得很偉大。黑格爾也曾呼喚要將真理呈現在「光天化日」之下，可見，社會現實生活，當時對於德國哲學家們來說已經成為觸及思想之真的必經之地。

在這樣一種想法的指導下，馬克思寫了一部「將近二十四印張的對話《克萊安泰斯，或論哲學的起點和必然的發展》」。但遺憾的是，這部對話竟然遺失了。我們今天看不到它原來究竟說了什麼，我們所知道的只能是青年馬克思在給父親的信裏所做的一點蛛絲馬跡的交代，在這部著作中：

彼此完全分離的科學和藝術在這裏在一定程度上結合起來了。我這個不知疲倦的旅行者着手通過概念本

身、宗教、自然、歷史這些神性的表現從哲學上辯證地揭示神性。我最後的命題原來是黑格爾體系的開端，而且由於寫這部著作需要我對自然科學、謝林、歷史作某種程度的了解，我費了很多腦筋，而且寫得非常……（因為它本來應當是一部新邏輯學），連我自己現在也幾乎想不起它的思路了；這部著作，這個在月光下撫養大的我的可愛的孩子，象欺詐的海妖一樣，把我誘入敵人的懷抱。

由於煩惱，我有幾天完全不能夠思考問題，就象狂人一樣在「沖洗靈魂，沖淡茶水」的骯髒的施普雷河水旁的花園裏亂跑，我甚至和我的房東一塊去打獵，然後又跑到柏林去，想擁抱每一個遇見的人。❶

不知為什麼，這段文字很吸引我。不僅因為它的文字充滿張力和誘惑，也因為我為馬克思所做的這一次徒

---

❶ 《馬克思恩格斯全集》第 40 卷，人民出版社 1982 年版，第 15 頁。

勞無功的思想探索而感到惋惜。同時，更令我好奇的是這部遺失的手稿的內容。它的遺失，能否如同一個弗洛伊德意義上的口誤，反而道說出了馬克思某些未能直言的潛意識？

所以，我任由思緒張開翅膀，試圖去還原這段丟失的記憶。

或者，我們可以從馬克思這部手稿的名字中略見端倪。克萊安泰斯（德文 Kleanthes，一般寫法就應是 Cleanthes），是古希臘斯多葛學派的創始人芝諾的後繼者，曾接任芝諾成為斯多葛學派的首領。馬克思以此人為名，並將他與哲學的起點和必然的發展並列，一定富有深意。

在斯多葛學派的主張中，我想最為觸動當時的馬克思的，一定是它對抗柏拉圖之二元論的一元論主張。斯多葛學派主張宇宙秩序的完美，而人也是一個小宇宙，並且是大宇宙的一部分，與大宇宙有着天然一致性，

因此看似不同的兩個世界，宇宙與人，其實是一回事。此時的馬克思，剛剛發現這樣一個事實：即康德的應然世界與實然世界之間的分裂，其實所表現出的不過是一種哲學的無能以及哲學不能觸及現實的無奈。當時他一定在努力地探尋一種可能的新路徑，將這兩個世界合二為一。因此在讀了黑格爾只言片語之後，馬克思就借着這個古希臘斯多葛主義者開啟了哲學的起點。這個起點一定包含着原初的統一，以及這種統一當中人與自然、「科學與藝術」，以及所有矛盾的存在之間原本具有的統一性。

這種探索大約應該從兩個方面展開：其一，通過回顧克萊安泰斯的基本主張，來彰顯一元論哲學大約應該長成的樣子；其二，開始馬克思自己基於原初統一而展開的思想之旅，從一種統一性的觀念（或者概念）出發，來統合現實生活中的種種「現象」。那些屬於自然科學與歷史等多個部門領域的考察的確是繁雜而累人的。但這並不是問題的關鍵，問題的關鍵在於，如果我

們略作思考，就會發現，實際上這樣的工作，黑格爾早於馬克思很多年，都已經完成了，想一想黑格爾在《精神現象學》裏對於人類歷史開端（主奴辯證法）和發展以及各個階段（如對啟蒙與法國大革命）的分析，以及黑格爾那部牽強附會的《自然哲學》，更不用說他的《美學》和《歷史哲學》等等，其實都在用很大部頭的書來講了一個統一的精神如何在自然科學、藝術和歷史中的遊歷和貫通。馬克思讀了只言片語的黑格爾，但因為與黑格爾有了共同的問題意識，所以就迫不及待地開始自己的一元論理論構造。結果，這個工作最終導致的，不過是將他「誘入敵人的懷抱」。

這裏的敵人是誰呢？我想應該有兩個：其一，是他這個時候並不喜歡的黑格爾，他繞來繞去，卻發現，這部對話做到最後大約不過又是一個黑格爾哲學的低配版，所以聰明絕頂的馬克思一定感到極為沮喪；其二，更為糟糕的，這個努力的最終結果所呈現出的不過是他此刻已經開始厭惡的純粹概念哲學，一個與現實無關的

哲學形而上學，或許更接近康德。於是，這部有關哲學
起點的著作就成為了他剛剛拋棄的法的形而上學的另一
個版本。換言之，這次嘗試是很失敗的。原本要逃離的
世界，轉了一圈又回來了，可想而知，此刻的馬克思有
多麼煩惱，所以我們自然可以理解，他為什麼會去河邊
亂跑，會去和房東一起打獵，或許這是他逃離抽象體系
的唯一方式。

　　的確，回到現實生活本身是觸及現實的最為直接的
方式，去擁抱每一個遇見的人，也的確是會讓馬克思瞬
間感到一種真實，但顯然，這種觸及現實的方式是拙劣
的，這就如同讓一個經濟學家去擺地攤一般，它所證明
的只能是理論的乏力，以及駕馭理論之人的無能。

　　金牛座的馬克思，一定不能容忍這種不完美的理
論表現力，所以我認為，他一定是有意將這一手稿丟掉
了。所謂研究，就是一種不斷地探險，並沒有什麼探險
一定包含着令人驚奇的結果，其實大部分時間裏，我們

都不得不忍受平庸、乏味以及失敗。馬克思用這部丟棄的手稿再一次證明：黑格爾式的哲學通向現實之路，是走不通的。

如果這條路走不通，馬克思又不想放棄這條通往現實之路，那麼他所做的，只能是另闢蹊徑了。而這一柳暗花明之時，卻要等到 1842 年以後：作為新聞記者的馬克思，他才第一次發現了一條可行的道路。但不可忽視的一點在於，1837 年的馬克思，在這一丟失的手稿中已經為自己敞開了觸及現實的理論問題域。

記者馬克思的
第一個哲學發現：
拜物教

第五章

　　1842 年 3 月，馬克思當時的摯友鮑威爾因為他的非正統觀點而被剝奪了教職。這裏所謂的「非正統觀點」，其實不過就是鮑威爾當時所持有的無神論思想。對於當時的德國來說，反宗教就等於反政府。馬克思很鬱悶。他去申請博士學位，原本就是想借助於鮑威爾在大學謀個教職，但現在這最後一點希望也破滅了。於是，不得已，馬克思轉而開始投稿《德意志年鑒》，並在隨後的兩年裏與編輯阿爾諾德·盧格成為摯友。

　　記者馬克思的生涯就此拉開了序幕。但其實，馬克思大部分的文章還是獻給了創建於萊茵地區的一份叫作《萊茵報》的報紙，據說，這份報紙的全稱是《萊茵政治、商業和工業日報》——很難理解德國人，為什麼要把一份報紙的題目都搞得這麼長。不過從題目上可知，辦報紙的人，原本並不想去做社會現實批判的，他們只是想爭取一些有利於擴大工業和商業的措施，屬於改良派，但事與願違，因為赫斯和馬克思的加入，這個初衷顯然沒有達到，那麼它曇花一現的命運從草創之時就已被注定下來了。

　　記者馬克思在當時最為重要的報道集中在對出版自由（也就是書報檢查制度）的批判以及對有關林木盜竊法辯論會的記錄之上。馬克思對此寫過 N 篇不同的文章，這是馬克思第一次真實地直面社會現實，它讓一個原本僅僅沉迷於康德、黑格爾的哲學博士突然發現現實的物質利益以及由於利益的分配不均而帶來的壓迫與剝削。

　　以上這樣的話，大家在任何一本馬克思主義哲學史的教程中都隨處可見。

　　但今天我卻想說點別的。其實從這個時候開始，馬克思在不經意間將一個重要的概念引入哲學當中，從而成就了記者馬克思的第一個哲學發現。這個概念就是拜物教（fétichisme）。它原本不過是法國人類學家德·布霍斯在其航海日記中用來描述異族人原始宗教的一個概念。這一宗教保持着多神教的色彩，甚至遵守着某個被稱作「第一次遇見」的法則，這個法則的意思是說，每天早上，當你出門遇到的第一物件，就是你今天需要

崇拜的神，布霍斯將這種原始宗教稱為拜物教。所有的物，在這個語境下都似乎包含着轉變為神的內在潛質。但這個概念也僅僅是一個人類學的概念，後來它能夠成為哲學理論界的一個學術術語，則完全得益於馬克思，以及隨後的弗洛伊德。

如果我們回顧馬克思哲學中的許多概念，比如生產力、生產關係、異化、共產主義等等，我們會發現，所有這些被打上馬克思思想標籤的概念，它們在理論界的運用都並非開始於馬克思。它們都是馬克思從此前的思想家那裏借用來的。拜物教也是如此。但馬克思對於這一概念之內涵的拓展演進卻決定性地改變了這一概念被運用的可能方式。以至於法國學者拉考農（A.-M. Iacono）在他所撰寫的《有關拜物教的概念演進史》（參見 le fétichisme, Histoire d'un concept, Presses Universitaires de France）中指出，只有馬克思與弗洛伊德是研究這個概念之內涵無法繞過的兩個人。而馬克思則成為了運用這一概念進行哲學分析的第一個人。

　　1842 年開始記者生涯的馬克思從未放棄讀書的計劃。在馬克思的書單當中就有德·布霍斯的《神性物戀的崇拜》（*Du culte des dieux fétiches*）。正是在這部書中布霍斯較為詳盡地討論了拜物教的問題。而這個時候也正是馬克思思考有關出版自由與林木盜竊法的時代。這兩件事在當時的德國都是熱點話題。在相當一段時間內佔據「熱搜」榜前列。這兩件事看似毫無關係，其實都隱性地表達了一種權力關係的濫用。出版自由將原本普遍的理性所規定的自由轉變為官方的理性規定下的自由，而林木盜竊法則更為赤裸裸地將所有人與自然界的物質交換的權利轉變為僅僅對財產權的保護。因為當時的法官們竟然「一本正經」地論證「枯樹枝」與「樹木」之間的關係，從而將當時窮人上山撿枯樹枝的行為「一本正經」地定性為「盜竊」。這種盜竊法的制定讓馬克思看到了林木所有者對於萊茵河兩岸的窮苦人們赤裸裸的剝削。他們所崇拜的「物」只是因為在私人利益的驅使之下才富有神性。林木所有者所具有的這種荒唐的邏

輯，讓馬克思聯想到了遵從拜物教的原始部族。這些原始人將神性賦予那些他們隨意碰到的物件，這種看似愚昧的行為，恰恰是今天林木所有者對待「枯樹枝」的基本態度。當「撿枯樹枝」成為了一種「盜竊」，那麼「枯樹枝」就被賦予了「財富」的意義，而這一意義對於作為一個物件的「枯樹枝」來說，顯然超出了它固有的自然屬性。於是，理性已經成熟了的現代人在私利的驅使下，竟然退回到了原始的拜物教徒的思維方式當中。

馬克思這樣嘲笑制定林木盜竊法的法官們：

古巴野人認為，黃金是西班牙人崇拜的偶像。他們慶祝黃金節，圍繞着黃金歌唱，然後把它扔進大海。如果古巴野人出席萊茵省等級會議的話，難道他們不會認為林木是萊茵省人崇拜的偶像嗎？ ❶

----

❶ 《馬克思恩格斯全集》第 1 卷，人民出版社 1995 年版，第 290 頁。

　　在此，馬克思的確認為拜物教不是什麼高級的宗教形態。就這一點而言，他繼承了德·布霍斯，帶有些許人類中心主義的分析態度，但即便如此，馬克思卻極為精準地判定出這一原始宗教的特性，並將它們揭示了出來：

　　現在談談「拜物教」吧！這完全是廉價讀物上的學問！拜物教遠不能使人超脫感性慾望，相反，它倒是「感性慾望的宗教」。慾望引起的幻想誘惑了偶像崇拜者，使他以為「無生命的東西」為了滿足偶像崇拜者的貪慾可以改變自己的自然特性。❶

　　基於這個界定，馬克思所提出的拜物教理論就不再是一個簡單的人類學概念的借用，而是一個真正的哲學概念。在這個界定當中，馬克思提出了兩個極為寶貴的思想：

❶ 《馬克思恩格斯全集》第 1 卷，人民出版社 1995 年版，第 212 頁。

其一，拜物教是一個感性慾望的宗教，而非超感性的宗教。換言之，拜物教的原始性內涵本質上具有世俗化的取向。當馬克思開始對被資本所統治的世俗世界進行批判的時候，這種本就屬於「感性慾望的宗教」顯然成為新的資本崇拜的最好表達。想想後來馬克思在《資本論》中所提出的商品拜物教、貨幣拜物教以及資本拜物教，哪一個不是生動的「感性慾望的宗教」呢？

其二，記者馬克思非常深刻地指出這個感性慾望的宗教，作為一種宗教形態的運行模式：人們在慾望的驅使下，產生了一種奇妙的幻象，它會為那些僅僅具有一些自然屬性的物增添一些神性的光芒。比如說，那擺放在 LV 店裏的包包，就其材質（即它的自然屬性）而言實在是平庸無奇，但由於人們被這一品牌所包含的奢華的詮釋激發出的無限慾望，讓人們眼中的這個包包變得富有了莫名的神性的光芒。對這一宗教運行方式的解釋其實早已超出了作為原始宗教的拜物教的內涵。馬克思洞察到當時的德國私有財產已經發展成一種令人啼笑皆

非的狀態：連從樹上落下的枯樹枝都需要明確所有權，至此，人們將如同守財奴一樣陷入對於「佔有」的癡迷與追求。那麼，這些人注定要被資本 —— 這個每天都要求增殖的強迫症所裹挾，現代人的異化存在就此拉開了序幕。

這個時候的馬克思，他所看到的其實僅僅是現象，但卻已經借用拜物教這個概念的辨析提出了他未來可能的問題意識，那就是對於私有制的批判，以及對人的異化狀態的分析。

這裏我想多說兩句。拜物教對於馬克思而言，嚴格說來，不是一個概念，而是一種社會批判方法。他所揭示的是這樣一個事實：在私有制遮蔽下，人正在變成可被估價的「物」。這是人的一種非正常的生存狀態。馬克思雖然也將這看作是每個現代人都有的一種病症，但卻將病根視為外在於人的資本主義的私有制度。而另一位拜物教研究大師弗洛伊德卻立足於心理學的角度，將拜物教看作一種戀物癖，將這一疾病的原因僅僅視為

需求的匱乏所帶來的心理陰影，而所謂一種匱乏性的需要，其實就是慾望。

就此而言，馬克思與弗洛伊德在對拜物教的生成機制上有着一定的共識，兩人都將「慾望」，而非「需要」視為拜物教產生的根源所在。只是對於馬克思而言，拜物教的克服需要的是一場社會革命，而對於弗洛伊德而言，不過僅僅需要一個沙發和一個作為精神分析師的傾聽者。誰對誰錯，本無定論。面對兩者，我們或者應從這一相對整體的角度來看，將兩位思想家視為由外（社會現實）到內（心理事實）所展開的對於現代性不斷深化的一個完整批判。

聽馬克思給
我們聊聊「什麼
是哲學？」

第六章

　　如果你翻閱 1842 年到 1843 年間的《萊茵報》，馬克思的文章比例一定不算少。在這段日子裏，馬克思一邊用生動的文筆勾勒出萊茵地區窮苦人的生活境遇，一邊用豐富的學識與其對手，諸如《科倫日報》的主筆進行着各色的論戰。馬克思在其中總是佔盡先機。二十四歲的馬克思就成為了《萊茵報》的主編。

　　雖然記者這個職位，讓馬克思看到了物質利益的重要意義，但對於馬克思而言，這份工作總不過是一個掙錢的手段，他對於哲學的熱愛並沒有因為這份生計而減損。就在馬克思離開《萊茵報》編輯部以後不到半年，馬克思就拋出了厚厚的《黑格爾法哲學批判》，可見，對於黑格爾的閱讀一定是馬克思生活中持之以恆的一件事情，哪怕記者馬克思每一天不得不去關注那些「街頭巷尾」的故事。

　　回顧馬克思記者生涯中的各色篇章，其中一篇有關《〈科隆日報〉第 179 號的社論》的文章，頗有趣味。在這一文章當中，馬克思按捺不住的理論熱情顯然得到

了一個施展的機會 —— 要知道，在報紙上撰寫文章，這種理論熱情總是會顯得不合時宜。在這篇有關「社論」的社論當中，由於他的論戰對手《科隆日報》的編輯海爾梅斯提出了「通過報紙傳播哲學和宗教觀點」❶ 是不能容許的，由此引發了記者馬克思偏要「在報紙上」來談談宗教與哲學。

在此，我實在忍不住要把話題先岔開一會兒，談談馬克思風趣的論戰筆法。青年馬克思在文章中常常如同一個淘氣的小孩兒，總是拿別人的名字開玩笑，比如海爾梅斯，這個名字在希臘神話中就是一個主持畜牧、道路、體操、辯論和商業的神，十分忙碌，馬克思在展開有關海爾梅斯社論的具體內容之前，特別摹寫了一段這個神的忙碌生活，或許就是為了說明，海爾梅斯這篇這麼枯燥的文字，只能是一個充滿怨氣又富有雄辯的神所寫出的東西。

❶ 《馬克思恩格斯全集》第 1 卷，人民出版社 1995 年版，第 208 頁。

首先，對於海爾梅斯來說，宗教似乎成為了國家和人類歷史的基石。因此許多文明與國家的衰敗都源自於對宗教的蔑視。熟讀古希臘文化和思想史的馬克思信手拈來，從亞歷山大到伯利克裏的時代，從伊壁鳩魯到斯多葛學派的哲學，都說明了與海爾梅斯的這一論斷截然相反的事實：「古代國家的宗教隨着古代國家的滅亡而消亡。」這個有效的駁斥已經隱含了馬克思看待宗教的方式。對此，我會在隨後一講專門講講馬克思與宗教的關係。這將是另外一個重要而有趣的話題。

其次，既然宗教這麼重要，那麼對於海爾梅斯這樣的人來說，在報紙上隨便議論宗教就顯然不太恰當了。更何況那些討論宗教的哲學，總是在某種程度上對宗教保持着一種批判的態度。因此，對於海爾梅斯來說，在報紙上討論宗教和哲學，就變成為了一種「別有用心」的行為。

與《科隆日報》的這種論點相反，對於馬克思而言，哲學對於宗教的批判近乎是哲學的使命。哲學要在

報紙上發出自己的聲音就是哲學的本質得以顯現的恰當方式。這兩句話，馬克思都沒有明說，但卻已經滲透到了他在這篇社論當中對於哲學的屬性所做出的討論。

現在就讓我們圍坐過來，聽聽記者馬克思對於「什麼是哲學」都說了些什麼吧。

首先，「哲學，尤其是德國哲學，愛好寧靜孤寂，追求體系的完滿，喜歡冷靜的自我審視；所有這些，一開始就使哲學同報紙那種反應敏捷、縱論時事、僅僅熱衷於新聞報道的性質形成鮮明對照。」❶

做過哲學博士論文，又寫過那麼多報紙文章的馬克思對此感觸良多。這段文字實在是他在 1841—1842 年間兩種生活狀態的生動寫照。

馬克思接着說：「哲學，從其體系的發展來看，不

---

❶ 《馬克思恩格斯全集》第 1 卷，人民出版社 1995 年版，第 219 頁。

是通俗易懂的；它在自身內部進行的隱祕活動在普通人看來是一種超出常規的、不切實際的行為；就像一個巫師，煞有介事地念着咒語，誰也不懂得他在念叨什麼。」❶

好吧，這個說法與今天我們對於哲學的看法太接近了。對於沒有學過哲學的人來說，哲學家們熱衷討論的東西基本上就是一種咒語，一大堆抽象的概念，一大堆武斷的命題，結果連一個饅頭都生產不出來。這種無用的學問在今天的時代的確顯得太過累贅了。

但馬克思認為這其實只是門外漢們對哲學粗淺的理解。

哲學就其性質來說，從未打算把禁慾主義的教士長袍換成報紙的輕便服裝。然而，哲學家並不像蘑菇那

❶ 《馬克思恩格斯全集》第 1 卷，人民出版社 1995 年版，第 219 頁。

樣是從地裏冒出來的，他們是自己的時代、自己的人民的產物，人民的最美好、最珍貴、最隱蔽的精髓都彙集在哲學思想裏。正是那種用工人的雙手建築鐵路的精神，在哲學家的頭腦中建立哲學體系。哲學不是在世界之外，就如同人腦雖然不在胃裏，但也不在人體之外一樣。當然，哲學在用雙腳立地以前，先是用頭腦立於世界的；而人類的其他許多領域在想到究竟是「頭腦」也屬於這個世界，還是這個世界是頭腦的世界以前，早就用雙腳扎根大地，並用雙手採摘世界的果實了。❶

　　讀了這段話之後，現在該輪到哲學的「門內漢」們鬱悶了。這段文字，對於所有研究過哲學的人來說實在是太不哲學了。哲學即便不是簡單的世界觀和方法論，至少也應該是認識論和本體論吧。即便避免抽象的概念，也還應該討論一下知性與理性吧。馬克思，認認真

---

❶《馬克思恩格斯全集》第 1 卷，人民出版社 1995 年版，第 219—220 頁。

真地告訴大家，雖然哲學的確與報紙文章不相配，但也不是什麼玄思妙想。哲學家建構哲學體系就如同工人建築鐵路一般，如此扎實而可見。哲學與現實世界的關係是如此緊密，甚至被馬克思視為人的頭腦與人的身體之間的內在關聯。

面對這個比喻，我忍不住要多說幾句：大家要知道，回顧馬克思之前的哲學，我們會發現，哲學從來是沒有肉身的。雖然自笛卡爾的「我思故我在」以來，哲學家都已經認定，人的理性為世界的呈現方式奠定了基礎，但這個「人」卻總是一個沒有肉身的「純粹思維」，人腦，作為肉身的一個器官，永遠不會成為哲學誕生之地，這個時候的馬克思用如此「不哲學」的比喻來說明哲學的特質，在我看來，並不因為記者馬克思遠離了哲學，恰恰相反，這是雄心勃勃的馬克思為他即將要開創的新哲學吹響的衝鋒號。

馬克思是生活在 19 世紀的德國人，我又一次不得不強調這樣一點。當時的德國哲學所呈現出的思辨屬性

讓哲學與宗教如同一對雙胞胎。想想馬克思的老師黑格爾吧。他雖然早在青年時代就已經開始閱讀經濟學，並詳細分析了市民社會的誕生與發展，但他卻還是忍不住要在經驗世界之中預設一個貫穿始終的「絕對精神」，這個絕對精神如同上帝一般，雖然要「道成肉身」，但卻總是要在「肉身」之上看到上帝的存在才是最終目的。換句話說，所有的肉身都不過是上帝意志的顯現。這個說法很哲學，也很宗教。青年馬克思就是在這樣的氛圍下學習哲學的，看看馬克思的博士論文，「自我意識」式的話語比比皆是，但當記者馬克思真切地看到萊茵河兩岸窮苦人們的現實生活的時候，自我意識虛幻的自由變得那麼無力而荒唐。此刻的馬克思顯然已經意識到，關於「人們如何認識世界」的這個康德式的問題已經過時了，而黑格爾那種試圖讓世界屈從於如同上帝一樣的絕對精神的做法又太不合時宜。現實的物質利益需要現實的改變力量。如果哲學還有其存在的理由，那麼它就應該意識到自己在現實生活當中所富有的直接的戰鬥力。

　　對於哲學來說，敵人的這種叫喊聲就如同初生嬰兒的第一聲啼哭對於一個焦急地諦聽孩子哭聲的母親一樣：這是哲學思想的第一聲喊叫。❶

　　看看馬克思怎麼描述哲學吧：哲學是可以發出叫喊聲的，並期待着對手的叫喊聲。哲學的這種存在樣態恐怕是老康德、黑格爾永遠無法想象的。雖然黑格爾已經提出了哲學是思想中的時代，但馬克思卻是對於「任何真正的哲學都是自己時代的精神上的精華」❷做了詳細討論的第一人。換句話說，對於黑格爾來說，哲學的肉身化是哲學實現自己的重要環節，但不是最終目的，但對於馬克思來說，肉身化了的哲學本身就是哲學的一切。這個說起來還是有些玄妙的感覺對於馬克思來說卻是無比真實，因為它「已進入沙龍、教士的書房、報紙

❶ 《馬克思恩格斯全集》第 1 卷，人民出版社 1995 年版，第 220 頁。
❷ 《馬克思恩格斯全集》第 1 卷，人民出版社 1995 年版，第 220 頁。

的編輯室和朝廷的候見廳」❶。哲學在這些地方似乎如魚得水，不願離開。它要與之戰鬥的正是當時同樣進入到這些場所當中的宗教。

　　19 世紀的德國人，宗教對於他們而言，就如同日常生活的物質需要一樣具有同等價值。如此這般，我們就可以理解為什麼馬克思會覺得用哲學來對抗宗教，用報紙來談論哲學是多麼重要，馬克思的這項工作相當於今天的大眾文化批判，宗教文化就是德國的日常文化構成。於是用「求助於理性」、「許諾真理」的哲學來替代「求助於感覺」、「許諾人們天堂和人間」的宗教對於當時的德國現實具有非常重要的迫切性。因為這是改變人們現實生活的有效方式。

　　在馬克思眼中，與哲學須與不離的是生活，這個哲學在人們的日常當中如同在自己家裏一般的舒適自如。這個哲學所講述的所有故事都是一個特定時代所能講述

❶　《馬克思恩格斯全集》第 1 卷，人民出版社 1995 年版，第 220 頁。

的故事。

如果這樣來定位哲學，可想而知，當馬克思重新回
到書齋中去做「學問」的時候，他如何能夠容忍僅僅做
一些引經據典式的工作呢，讀書筆記還是要做的，但所
有進入此刻馬克思的筆記中的理論，都是他的日常生活
感受逼迫他看到的。當馬克思一家輾轉於巴黎、布魯塞
爾與倫敦的時候，每天的衣食住行當然成為了馬克思首
要的、直接的思考對象。所以當馬克思真正開啟他的哲
學之旅的時候，他首先宣佈的正是人的衣食住行作為哲
學之第一個起點的合法性。好了，我們已經觸及了馬克
思唯物史觀的核心之處了，所有有關馬克思如何理解哲
學的話題其實是一個永遠處於「未完待續」的故事。但
不管我們的故事可以講到多長，我想有一點大家最好不
要忘記，那就是，青年馬克思已經為我們指出了：

哲學非常懂得生活。❶

---

❶ 《馬克思恩格斯全集》第 1 卷，人民出版社 1956 年版，第 123 頁。

無神論，怎麼
突然變得那麼
流行了？

第七章

　　提到馬克思與宗教的關係，我們總是記得馬克思的一句名言：「宗教是人民的鴉片。」[1] 對的，這的確是馬克思說過的，是在一篇叫作《〈黑格爾法哲學批判〉導言》中說的。這部著作寫於 1843 年。要知道在 19 世紀中期的德國說出這樣一句話，的確是需要理論勇氣的，因為在當時，做一個無神論者不僅會被普通老百姓視為怪人，同樣也會被正統思想界視為異端邪說。

　　作為中國人，無論是我們的哲學，還是我們的日常生活，都與宗教保持着一定的距離。在我們中國思想的經典即《論語》中就曾這樣描述孔子：「子不語怪、力、亂、神。」（《論語·述而第七》），這就是說，我們的孔老夫子從不說這些奇怪詭異之事。所以當馬克思思想傳入中國的時候，面對這樣一句對宗教的評價，我們自然而然地就接受了，但也正因為如此，我們無法體會到馬克思這句話對於那時的德國以及歐洲所產生的重創。

----

[1] 《馬克思恩格斯全集》第 3 卷，人民出版社 2002 年版，第 200 頁。

換言之，馬克思他老人家當年鼓足勇氣，鉚足氣力才說出的這句宣言一樣的話，在我們中國人這裏，變得雲淡風輕起來。更為麻煩的是，我們總是不自覺地將宗教與迷信對等起來，所以想當然地認為，這句話就是告訴我們，不要相信那些鬼怪的存在，要相信科學。

但實際上，對於 19 世紀中葉的德國來說，德國人的整個世俗生活就是宗教生活本身。因此，任何試圖改變德國，或者真正改變德國的思想家總需要從宗教開始。比如馬丁‧路德，是德國最偉大的改革家，基督教新教的創始人。在我們的歷史教科書上都一定曾經講過路德的故事。特別是他揭露基督教神父販賣贖罪券的欺騙行為。但大家可能不知道的是，正是路德創造了德國的書面語言。詩人海涅有一本小冊子，非常有趣，強烈建議大家讀一讀，題目叫作《論德國宗教和哲學的歷史》，其中在談到路德的這一貢獻之時，這樣說：

　　這個馬丁‧路德卻不僅給我們行動的自由，而且也

給我們行動的手段，這就是說，他給精神一個肉體。他也給思想一種語言。他創造了德語。[1]

為什麼路德能夠創造德語呢？原因很簡單，他想翻譯《聖經》。在路德之前，只有拉丁文、希臘文的《聖經》，而當時普通德國民眾用以交流的語言多少有些粗糙，所以詩人海涅覺得都是一些不太適合文學目的的語言。由此可見，一邊是粗陋的口語，一邊是同樣近乎死亡的《聖經》語言，德國的民眾雖然每天都不得不活在宗教語境所構築的生活中，但卻無法真正了解《聖經》裏都說了些什麼，難怪掌握《聖經》解釋權的神父說什麼就是什麼，廣大民眾都不得不相信。

從這一意義上說，路德改造當時流行的民眾語言，形成一種可被大眾理解的書面語言，並用它來翻譯了

---

[1] ［德］亨利希·海涅：《論德國宗教和哲學的歷史》，海安譯，商務印書館 1974 年版，第 45 頁。

《聖經》，這個意義實在太過重大了。德國民族的思維方式在路德的創造中形成了。所以宗教，或者新教的存在對於德國文化一直都佔據着絕對統治的地位。

路德對於宗教改革的力度再大，也不過是在宗教內部所進行的一次革命。這一革命到了 19 世紀中葉，正在成為新的桎梏，束縛着德國現實的進一步發展。當一群精打細算的「小市民們」逐漸開始掌握了德國諸多個小城邦的經濟命脈之後，這個同樣也崇尚勞動的新教卻還是顯得不夠先鋒了。新的時代需要新的思想先導。路德的宗教內部改革正在期待新一輪外在的顛覆性的革命。

這一聲革命的號角，在馬克思還未出生的年代，就已經吹響了。他的思想導師黑格爾早在 1807 年的《精神現象學》當中就已經喊出了「上帝死了」。稍有哲學常識的人，聽到這裏一定會跳起來說，嗨，你搞錯了吧，上帝死了，不是尼采說的嗎？抱歉，錯在你，正因為路德的存在，讓早於尼采多年的青年黑格爾就已經發

現上帝之死的祕密。道理並不複雜。試想當一個神，如上帝一般，無形無相，它的存在只能以「道成肉身」的方式來展開，甚至需要這個擁有肉身的使徒不斷地出具證明來證明上帝的存在，那麼實際上，人們已經沒了無條件信仰上帝的態度。上帝已經死了，死於我們不斷地試圖用理性對它的證明當中。

可見，任何思想其實都不是一蹴而就的。到了馬克思生活的年代，黑格爾所樹立的理性之神，也無法容納後啟蒙時代思想解放的徹底性。由此，當一個叫作費爾巴哈的哲學家橫空出世的時候，瞬間征服了馬克思、恩格斯這一代年輕人。恩格斯說：「我們一時都成為費爾巴哈派了。」❶ 馬克思在 1842 年撰寫的《路德是施特勞斯和費爾巴哈的仲裁者》一文中也斬釘截鐵地說：「你們只有通過火流才能走向真理和自由，其他的路是沒有

----

❶ 《馬克思恩格斯選集》第 4 卷，人民出版社 2012 年版，第 228 頁。

的。費爾巴哈，這才是我們時代的滌罪所。」❶ 大家注意了，「火流」的德文詞（feuerbach）音譯出來正是費爾巴哈。好吧，青年馬克思還是那麼喜歡拿別人的名字開玩笑。但這個玩笑裏充滿了讚許和鬥爭氣息。

　　說到這裏，大家一定很好奇，影響如此巨大的費爾巴哈究竟說了什麼呢？用今天我們的眼光來看，好像也沒什麼，費爾巴哈寫了一本書，題目叫作《基督教的本質》，在其中他告訴我們，那些高高在上的上帝，不過是我們自己的本質的虛幻反映。我們舉個例子來看，可以設想一下，如果上帝有一張面孔，他會長成什麼樣子？一定是高鼻樑，藍眼睛，一副歐洲人的面孔，正如我們古代的神話故事中的老神仙的白鬍子，黃皮膚，一副鄰家老爺爺的長相。這就說明神的存在，其實都是我們人的本質的自我外化。這個看似簡單的道理，對於被

❶ 《馬克思恩格斯全集》第 1 卷，人民出版社 1956 年版，第 33—34 頁。

宗教統治了近千年的歐洲人來說，卻是晴天霹靂。

不是高高在上的造物主創造了我們，而是我們創造了它，如果是這樣的話，有限的我們如何能夠製造出無限的至善、至美？當然是不能了，那麼大到世界的意義，小到人生的意義，不都成為了問題了嗎？沒有意義的生活，我們人不就等同於動物了嗎？這一連串的問題，正是把上帝殺死可能帶來的後果。

但由於當時對於上帝的這場「殺戮」實在需要太大的氣力，馬克思、恩格斯這一代人都還沒有來得及反思上帝之死所帶來的種種問題。大家都沉浸在一片歡騰當中：「魔法被破除了；『體系』被炸開並被拋在一旁了，矛盾既然僅僅是存在於想象之中，也就解決了。——這部書的解放作用，只有親身體驗過的人才能想象得到。」❶

❶ 《馬克思恩格斯選集》第 4 卷，人民出版社 2012 年版，第 228 頁。

　　無神論者，在這個時期成為了一個時髦的標籤，所有那些正處於思想叛逆期的年輕學者們都似乎以作為「無神論者」而充滿自豪。因為無神論，在德國不僅意味着對正統學術界的挑戰，同時更意味着對德國現實的批判。對宗教的批判不僅是一個理論問題，更為重要的，它是一個實踐問題。只有首先擺脫宗教的束縛，然後才可能真正地開始關注人的生活。對人本身的思考和關注，是近代哲學的核心話題。德國哲學如此深邃，但在人本主義大潮中卻似乎遲遲未能表態。費爾巴哈的宗教批判終於開啟了德國人本主義思潮的先河。

　　無神論者們，不是否定某個特殊的神的存在，而是否定所有一切神的存在，它的解放性在於它的徹底性，因此無神論在當時作為一股激進思潮與人本主義相呼應，成為了新一代德國思想界的未來哲學。而馬克思，雖然在博士論文期間已經開始轉向唯物主義，但真正促使其成長為一個歷史唯物主義者的內在動力卻無疑正是這股由費爾巴哈所掀起的人本主義思潮。

馬克思從未明確表達過自己的無神論立場，原因很簡單，當馬克思開始他的思想之旅的時候，留給他的重要任務已經不再是去揭露和批判宗教，從而弘揚無神論，而是要將目光轉向這個去魅化了的現實世界。在其中批判並沒有結束：

> 真理的彼岸世界消逝以後，歷史的任務就是確立此岸世界的真理。人的自我異化的神聖形象被揭穿以後，揭露具有非神聖形象的自我異化，就成了為歷史服務的哲學的迫切任務。於是，對天國的批判變成對塵世的批判，對宗教的批判變成對法的批判，對神學的批判變成對政治的批判。❶

馬克思的朋友，鮑威爾、盧格，當然還有費爾巴哈都已經成為了無神論者。總是走在時代先鋒的馬克思當

---

❶ 《馬克思恩格斯選集》第 1 卷，人民出版社 2012 年版，第 2 頁。

然也是的。但並不是所有的無神論者都懂得如何在完成了對神的批判以後，將這種無神論的徹底性延伸到對塵世世界的批判當中來。所以，當所有人的目光都投向現實世界的時候，有的人，如費爾巴哈，實際上將他所弘揚的人重新變成了上帝，一個創造世界的造物主；有的人，如鮑威爾，將人抽象為自我意識，並實際上用神學的方式來談論這個自我意識。換言之，這些人都不自覺地在塵世的批判中恢復了一種新的神，這個神或者是肉體的人，或者是理性。只有馬克思，這個真正的無神論者，懂得如何將這種無神論的精神貫徹到底。這究竟是怎麼做到的？留待以後再慢慢告訴你吧。

馬克思論
「國王的兩個身體」

第八章

今天我將帶領大家進入的是馬克思的《黑格爾法哲學批判》，這其實是一部馬克思的學習筆記。它填充了馬克思辭去《萊茵報》主編，但還未開始他的《德法年鑒》時期的一段空閑時間。在這段時間裏，馬克思對一大波政治哲學家特別感興趣，馬基維利、孟德斯鳩、盧梭等等都進入到了馬克思的閱讀書單當中，但卻沒有留下任何閱讀他們的思想痕跡。顯然正是這些閱讀帶着馬克思用不太一樣的眼光來重新看待他的思想導師——黑格爾以及他的法哲學。

要談論這部大部頭，並擁有一定系統性的《黑格爾法哲學批判》，大家當然需要首先知道馬克思這個時候所要研讀的黑格爾的《法哲學原理》都說了些什麼。《法哲學原理》是黑格爾晚年最重要的一本著作。嚴格說來，是黑格爾晚年一直在上的一門課。大家不要被這裏的「法」的概念誤導，以為這是一部討論法律的著作，其實完全不是這回事兒。黑格爾這裏所討論的是：一種理想化的人倫關係究竟該是什麼樣子，而法律只是協調

人倫關係的多種方式之一，而且具有外在的強制性，不是嗎？對於大部分從未觸犯法律的老百姓而言，法律的規定與日常生活還有着相當的距離，然而道德則不然，它作為約定俗成的一些規範，卻可能真的影響了我們現實生活的一些小細節。比如在中國你就要懂得如何孝順父母，在美國，你則要懂得尊重個人的隱私。請大家注意，我在這裏給道德規範所加入的區域性的限定，其作為一些人與人之間的主觀約定，有的時候實在是沒有什麼道理可以講，不同區域的人們會有不同的約定，在某種程度上缺乏如抽象的法律規定那般，那麼具有普適性。比如對於盜竊，任何地方的法律都是不能容忍的。除了這兩個領域之外，在黑格爾之前，有關法權的系統討論已經開始延伸到了現代社會一個更為微妙的領域，這一領域在黑格爾的《法哲學原理》中被概括為所謂的「倫理法」。在我看來，這部分內容是只有到黑格爾與馬克思的時代才變得很重要的。

對於中國人來說，倫理與道德沒有特別的區分，

所以大家都知道，在大學哲學系的課程中，研究倫理學的課程很多內容都與德行問題有關。對於黑格爾來說，倫理和道德卻是截然分開的，這是他對於康德的實踐理性所做出的有效推動。如果說康德的所謂人為自身立法的實踐理性在黑格爾那裏就是一種主觀的道德法則的設定，那麼黑格爾認為在現代社會中存在的諸如家庭、市民社會與國家所構築的人類生活共同體形成了一個倫理的世界。在其中人與人之間的行為準則的設定既非主觀的道德規定，也非外在的抽象法律的設定，而是一種如同市場上的看不見的手一般，既是你我主觀行為所構築的，但卻又似乎超越於你我單純的主觀意願。研究黑格爾法哲學的學者總是喜歡舉曼德維爾的蜜蜂寓言作為這種倫理法則的一種經典意象：蜜蜂們每天都在瘋狂地追求個人的利益，但卻迎來了作為整體的、社會的蜂巢的繁榮。這個詭異的經濟辯證法，其實構成了倫理法的一個重要基石。而黑格爾的法哲學，就是希望在這個由家庭和市民社會自發構成的社會之上構築一個國家的理念。這個理念可以以某種方式解決在家庭和市民社會

中出現的，但卻在家庭和市民社會中無法解決的矛盾。國家所體現出的法的理念，就成為了意志自由的體現。由此，黑格爾法哲學的基本框架就形成了，它包括抽象法、道德法與倫理法這三個部分。

好了，關於黑格爾的法哲學，我只能說到這裏了。我這樣的概括對於黑格爾這部大部頭的著作而言近乎一種「褻瀆」，要知道，在我心目中，這部著作幾乎是一部描述現代社會方方面面的百科全書。我這樣草草兩段的概括顯然太過簡單了。畢竟就連聰明絕頂的馬克思在面對黑格爾的這部著作也是亦步亦趨，小心翼翼地，用了數百印張還只是分析了黑格爾法哲學中有關倫理法部分的國家章，當然就算如此精細的研究，對照原文來看，馬克思仍然是一種幾乎掛一漏萬式的討論。

馬克思的這部《黑格爾法哲學批判》並不屬於研究者經常談論的文本，一方面是其中有很多的引用和對引用的解讀，受到所解讀文本的限制從而缺乏思想闡述的系統性，另外一個更為重要的原因是，這個時候的馬克

思正沉浸在與費爾巴哈思想交融的蜜月期，因此，此刻的他幾乎是在毫無批判地使用着費爾巴哈對於黑格爾的批判方式來批判黑格爾，這個方式簡單粗暴，兩個人都直接宣稱黑格爾的思想中顛倒了主詞與謂詞，這是什麼意思呢？很簡單，如果說黑格爾認為是國家產生了市民社會，那麼馬克思則認為：不對，是市民社會產生了國家；如果說黑格爾認為是君主產生了人民主權，那麼馬克思則以同樣的方式給予否定，不對，「人民主權不是憑藉君王產生的，君王倒是憑藉人民主權產生的」❶。馬克思這個時候如同一個愛抬槓的學生，老師說的每一個命題，他都把主語換成謂語，反過來重新說一遍。當然馬克思不是周星馳，不會做無厘頭的思想，他也的確說了一大堆理由。但說實在話，這個時候的馬克思，由於還沒有形成自己系統的思想體系，所以他為這個簡單的「顛倒」所給出的理由，他的老師黑格爾一定不會買賬

❶ 《馬克思恩格斯全集》第 3 卷，人民出版社 2002 年版，第 37 頁。

的。但一部真誠的馬克思思想發展史就應該允許馬克思的思想有一個成熟的過程，不是嗎？畢竟寫作這部著作時候的馬克思才剛剛二十五歲，也僅僅相當於一個研究生二年級的學生而已。

但馬克思卻也的確是一個天才式的思想家。小小年紀所寫出的東西，卻總是不經意間觸碰了某些極為深刻而有趣的話題。比如在這裏，我想談到一個小細節。這個細節屬於他的諸多個顛倒邏輯當中的一個，在「黑格爾關於王權或國家主權觀念的闡述摘要」中，馬克思在批判黑格爾的君主論當中觸及到近代政治哲學中一個很重要的問題：國王的兩個身體。

2018 年最為火爆的一部政治哲學著作題目就叫作《國王的兩個身體》。它的作者是猶太籍的波蘭思想家康托洛維茨。這部試圖以中世紀神學基礎為現代政體提供合法性的著作可謂橫空出世。以這個路徑來解釋現代國家政體的並不少見，但它卻因為富有歷史連續性的思

考方式而更富說服力。這本書實在非常厚重，大量的史料論證，老實說，我也是剛剛才開始讀，所以不敢妄言。僅就有限的閱讀而言，這部著作所表達的意思是清晰而明了的：其實，自古以來，國王從來都應該有兩個身體：一個是那遲早會死去的肉體，一個則是代表着國家權力之象徵的不朽之軀。兩者缺一不可，不僅對於擁有君主的國家是如此，對於所有現代民主國家來說，在其動態的歷史發展序列中，國王的不朽之軀也是其得以成型的基礎所在。近來就此引發的有關現代整體的屬性和發展的討論可謂蔚為壯觀。

回到馬克思對於黑格爾君主問題的討論當中，我們會發現馬克思早在近兩百年前有一段有趣討論，涉及類似的問題：

說人一定是肉體出生的，這個通過肉體的出生而有的存在會成為社會的人等等，直到成為國家公民；說人是通過他自己的出生而成為他現在這個樣子，這種看

法是非常粗淺的。但是，說國家觀念是直接生出來的，這種觀念通過君王的出生而生出自己並且成為經驗的存在，這種說法就頗為深奧，令人驚異了。[1]

在這裏，馬克思試圖說明的是黑格爾那種用觀念來說明現實的錯誤思維。黑格爾在政體上是一個君主立憲的支持者，君主是國家理念的現實顯現。因此君主的肉身從來就是神聖而不朽的，他的肉體的存在只是為了理念的顯現，並不具有獨立性。換言之，對於黑格爾來說，國王從來都只是一個身軀，它就是國家理念的「道成肉身」。

馬克思在此的批判很特別，他一方面順着這個思路指出這個顛倒：「黑格爾從國家出發，把人變成主體化的國家。民主制從人出發，把國家變成客體化的人，正

----

[1] 《馬克思恩格斯全集》第 3 卷，人民出版社 2002 年版，第 51 頁。

如同不是宗教創造人，而是人創造宗教一樣，不是國家制度創造人民，而是人民創造國家制度。」[1] 也就是說，他看到了黑格爾所說的君主具有的不朽的肉身，但也正是順著黑格爾的邏輯，馬克思卻充滿諷刺地推出了國王的肉體之身所具有的重要意義：

> 君王世襲制是從君王的概念中產生的。據說君王是與自己的整個類、與其他一切人特別不同的人。這麼一個人與其他一切人的最後的明確的區別究竟是什麼呢？是肉體。肉體的最高功能是生殖活動。這樣，國王的最高憲政活動就是他的生殖活動，因為他通過這種活動製造國王，從而延續自己的肉體。他兒子的肉體是他自己肉體的再生產，是國王肉體的創作。[2]

[1] 《馬克思恩格斯全集》第3卷，人民出版社2002年版，第40頁。

[2] 《馬克思恩格斯全集》第3卷，人民出版社2002年版，第52—53頁。

　　這段話自帶一種冷幽默的效果，不是嗎？因為國王被賦予的不朽之軀，最終竟然讓國王所有的政治生活重頭戲變成了對有死之體的創造，也就是生殖活動。國王，在黑格爾那裏，其實只有一個身體，即作為理念的不朽之軀，而到了馬克思這裏，才真正具有了兩個相輔相成的身體。或者說，馬克思在將黑格爾有關君主政體邏輯推到極致的時候，他卻走到了自己的反面，這種背反關係不僅指從國王的不朽之軀最終推出其有死之體，更為重要的是，一個推崇意志自由的黑格爾最終卻推崇君主制。這究竟是怎麼回事？

　　年輕的馬克思頗具見地地指出了這其中的奧祕。

　　在馬克思看來，正是因為黑格爾還未能真正看到整體的社會化所具有的力量，這使得黑格爾總是局限在對於個人以及私有財產的關注當中，正是這個視野的局限，讓他對於君主制產生了如此大的信任。馬克思這樣說：

　　如果君王是在自身中包含着國家的抽象的人，那麼這無非是說國家的本質就是抽象的人，是私人。國家只有在自己的成熟階段才泄露本身的祕密。君王是體現出私人對國家的關係的惟一私人。❶

　　這個時候，我們可以說馬克思對於黑格爾的那種簡單顛倒式的解讀是有些粗糙和稚嫩的，但馬克思對於黑格爾的君主制的分析，在我看來，卻出奇地精彩而深刻：不僅指出了國王的兩個身體之間的內在關係，而且還指出了整個君主制得以存在的根本原因，即對於私人和私有財產的推崇。如果這樣想來，活躍於當今的資本主義社會的經濟邏輯也仍然是私有制，因此目前的所謂的民主政體是否真的與君主政體存在着那麼大的差異？難道它不是也必須要預設一個富有肉身的政治主體嗎？雖然那個政治主體不一定是天生的國王，但作為國家理

❶ 《馬克思恩格斯全集》第 3 卷，人民出版社 2002 年版，第 52 頁。

念的道成肉身，這一現象化的顯現方式，其實並沒有消失。所以馬克思對於國王的兩個身體的批判之方式，在今天仍然很有效。

好吧，我承認，說到這裏，把事情搞得有點複雜了，希望大家的頭腦沒有被我繞暈。不過還好，我們對於馬克思還有很多話說，希望在以後的展開過程中，大家能反過頭來再聽聽現在我說的這些東西，或許會有一天突然明白，青年馬克思在這裏的確已經開始下一盤很大的棋，這盤棋的佈局顯然不是黑格爾或者費爾巴哈所設下的棋盤所能容納的了。

「小」市民
的「大」勝利

第九章

克羅茨納赫，德國西南部的一個溫泉小鎮，馬克思與燕妮新婚燕爾之時度蜜月的地方。但就在這段蜜月期，我們卻很難找到有關他們新婚生活的任何圖片或者文字的記錄。詩人馬克思似乎完全消失了。在這段本應是人生最美好的時間裏，馬克思卻沒有留下任何的詩歌，他所留下的竟然是厚厚的有關歷史學研究的《克羅茨納赫筆記》。每次讀到這裏，我都替燕妮抱不平，這個金牛座的馬克思實在太不浪漫了。

我們早就說過，馬克思從撰寫博士論文的時候就養成了記筆記的好習慣。所以現有的馬克思文獻包含着兩個部分：一部分是馬克思的摘錄筆記，一部分是他根據研究筆記而開始的思想研究成果。

此刻馬克思對於歷史學感興趣一定是有原因的。這其中很重要的一個原因一定出自於他對黑格爾思辨哲學的厭惡，總覺得黑格爾把什麼都顛倒着看，現實總是要在觀念那裏找真理性 —— 以至於黑格爾認為他有關國家的理念要優先於市民社會和家庭。當然要駁倒黑格爾

也不是一件容易的事，馬克思在《黑格爾法哲學批判》當中的工作讓我讀起來總是覺得不過癮，很多地方點到為止，斷言和諷刺似乎多於具體的論證與分析。我想聰明的馬克思一定也知道自己做得不夠好，所以在度蜜月的時候還沒有放鬆「學習」，但那個時候，他所關心的已經不是什麼抽象的法律、道德與倫理了，他關心的是整個人類歷史發展的具體演進歷程。

在瑣碎的歷史敘事中，馬克思有了重要的理論發現。儘管這個發現，或許在黑格爾那裏已經有所顯露，只是被思辨的外衣窒息了，這就是有關市民社會的一大堆問題。

大家要知道，黑格爾與馬克思生活的年代，整個文化氛圍都發生着革命性的變革：音樂領域出現了集體化的浪漫主義轉向，自由奔放的內容正在掙脫各色的形式化的約束，彰顯着感覺的勝利；而在繪畫領域中，現實主義的畫風讓王侯將相、耶穌聖母逐漸退出畫布的主導地位，美麗的自然以及純樸的勞動者開始被畫家們「看

到了」。它們與黑格爾、馬克思一起見證了一個時代的變遷：在其中，英雄史詩一般的歷史展開過程正在消失，社會的革命性變革不再依賴於幾個人的主觀意志，「社會」，這個被一群人共同構築的活動場域成為了左右歷史前進的關鍵。但它卻看不見，摸不著。不是嗎？我們有誰見到過「社會」，你又能說哪裏是「社會」？但我們每個人卻總是感覺「身不由己」。社會的存在，是平民百姓生活的自我創造、自我約束。所以社會，天然地與平民、市民或者公民聯繫在一起。

相信看過《權力的遊戲》的觀眾，一定懂得這樣一個道理：在西歐封建社會中，生活在分封領土中的人都與領主有人身依附關係。然而，到了近代以來，內在於不同政治模式的領土之內的經濟暗流正在衝破封建領地的束縛，悄悄地用商品的交換與貨幣的流通將人與人勾連起來。單個人開始從領主的依附關係中掙脫出來。個人（Individual）產生了，不知大家是否注意到了，individual 與 divide（分割）在詞源上具有同源性。換

言之，「個人」（Individual）與「不可分割性」（In-divide）很相似哦。這個關聯說明，當社會發展到由一個個個人組成的時候，這個個人就如同哲學家萊布尼茨的單子一般，成為社會中最為基礎的單位，不可再分，獨成一體。家庭、國家都不能根本上左右個人的走向，它有其自身的獨立性。所以，順便說一句，與此不同的是，我們中國社會中最小的構成單位是家庭，而非個人，我們每個人做事情的時候就不可能不管不顧的，橫衝直撞，只要依賴自己就可以了，我們總是習慣左顧右盼，照顧周全，似乎才可以把事情做得圓滿。所以西方的市民社會理論在中國是否適用，的確是一個需要討論的問題呢。

好了，我不再掉書袋了。其實馬克思那個時候並不是為了做一個嚴謹的學者才開始討論這個由個人構築的「社會」的。我確信，甚至黑格爾也不是。他們都是為了思考他們那個時代發生的變遷而不得不構築一些新的概念來描述他們正在經歷的一切。在這種描述中，「市

民社會」這個詞兒躍然而出。

這個詞兒，的的確確是近代的產物。因為它產生得如此之晚，因此也決定了它的內涵在馬克思和黑格爾那裏總是不斷變化，並不成熟。這其中細分起來，問題可多了，比如說，在德語中的市民社會與公民社會就不是一個詞兒，而在英語中兩個就是一回事兒。在馬克思那裏，市民社會有的時候似乎就是資產階級社會，有的時候馬克思又用另外一個詞兒單獨表達資產階級社會。要是做起考證來，就「市民社會」這個概念，足足可以做出幾篇博士論文，不成問題。

在此，我還是要趕快終止這種掉書袋的趨向。回到馬克思構造思想的語境當中來，其實問題也沒有那麼複雜。從《黑格爾法哲學批判》到《克羅茨納赫筆記》，馬克思癡迷於一個顛倒了的黑格爾的命題：不是國家決定市民社會，而是市民社會決定國家。在這裏，市民社會成為了現實生活的一方，國家成為了理念的一方。這種闡釋同時符合馬克思與黑格爾的思考路徑。對於黑格

爾來說，現實生活的真理當真並不存在於現實生活本身
當中，而是存在於更高的理念當中，比如國家。國家，
怎麼成為了一個理念了？你一定很納悶吧，其實當時的
德國被各種封建小領主佔據着，沒有一個統一的國家，
嚴重阻礙了德國經濟的發展，所以當時所有的有識之士
都在呼喚德國建立統一的國家。當黑格爾談到國家的時
候，其實是一個很激進的理念，而絕非是為普魯士政府
辯護的。所以我們今天總是把保守的帽子無厘頭地扣在
黑格爾的頭上，的確有點冤枉了黑格爾呢。

　　話說回來，馬克思生活的大部分時代卻與黑格爾不
太一樣了，那個時候，德國鐵血宰相卑斯麥統治的普魯
士，通過改革與戰爭，正在變成德意志帝國，開始稱霸
歐洲，並且對內進行對新興工人運動的鎮壓。政治時代
的變遷，讓馬克思看到了一個曾經被呼喚的國家理念並
沒有帶來社會良性的發展。所以馬克思轉向關注更富有
生機，並更能代表社會發展未來趨向的新興市民階層。
馬克思實際上看到了這群斤斤計較的小市民們所代表的

時代精神。「不計代價」的權力遊戲已經成為了明日黃花，經濟力量的內在操縱正在成為社會普遍化的主導，左右着人們的思考方式。馬克思通過《克羅茨納赫筆記》的記錄彰顯了一種深入社會現實的姿態，儘管這種姿態由於沒有經濟學的支撐還略顯空泛，但馬克思顯然已經走上了一條不同於黑格爾的道路。因此當 1843 年年底馬克思到達巴黎之後，他還攜帶着一篇題目為《論猶太人問題》的論文。這篇文章不是學習筆記，而是他此時的思想論述。在其中，他實際上通過善於經商的猶太人的思維方式描述了一種小市民的生存狀態：

　　猶太教的世俗基礎是什麼呢？實際需要，自私自利。

　　猶太人的世俗禮拜是什麼呢？做生意。他們的世俗的神是什麼呢？金錢。❶

❶ 《馬克思恩格斯全集》第 3 卷，人民出版社 2002 年版，第 191 頁。

　　馬克思這種說法，在今天看來格外危險，說不定還
會被扣上什麼「反猶主義」的帽子。但我希望那些急於
扣帽子的猶太問題研究者們稍安勿躁。馬克思在這裏所
談到的這種猶太精神，絕非針對猶太人，馬克思只是借
用這個市民社會中的典型形象，表達了一個市民社會全
面勝利的時代特質：

　　這並不是個別的事實。猶太人用猶太人的方式解放
了自己，不僅因為他掌握了金錢勢力，而且因為金錢通
過猶太人或者其他的人而成了世界勢力，猶太人的實際
精神成了基督教各國人民的實際精神。❶

　　這個說法清楚地表明，馬克思在此已經洞察到了這
個以經濟利益為軸心的猶太人的生活方式正在成為當代
社會的普遍存在方式。與其說馬克思在這裏對猶太精神

❶ 《馬克思恩格斯全集》第 3 卷，人民出版社 2002 年版，第 192—
　193 頁。

進行了批判，不如說他其實不過是對於這個即將被金錢邏輯統治的時代做了一種冷靜的洞察和分析。新的時代精神告訴馬克思，小市民的金錢邏輯正在成為可能統治一切的內在力量。諸如國家、家庭、倫理、法律，所有這些都將成為這個經濟架構之上，並受它統治的觀念系統。也就是說，其實從 1843 年年底馬克思轉戰巴黎的時候，他已經意識到了所謂「經濟基礎對於上層建築的決定性作用」啦。只是在這個時候，這個唯物主義的經典表述，還囿於黑格爾法哲學原理的概念框架之中，因此它只能被這樣表達出來：不是國家決定市民社會，而是市民社會決定國家。

不談「自由」，
談「解放」

第十章

　　研究馬克思很多年以後，在一次學術會議上，當我講完了我對於馬克思與費希特關係的理解之後，一位老學者雲淡風輕的一句追問讓剛剛還自信滿滿的我頓時啞口無言，這位老學者這樣問道：馬克思「與」德國古典哲學的關係究竟意味着馬克思在德國古典哲學「之內」呢，還是在它們「之外」呢？這一問，對於我產生了一種本雅明式的「震驚」效果，它讓我此前幾十年的知識框架突然發生了一次不小的震動。

　　的確，我們總是想當然地說着馬克思與德國古典哲學的關係是如何如何，在這個「如何如何」當中，我們總是大而化之地說馬克思繼承和發展了德國古典哲學，但所謂繼承，應該包含着一種內在邏輯延伸式的繼承，抑或是一種外在斷裂式的繼承，馬克思該屬於哪一種呢，其實很難回答。

　　鑒於馬克思與黑格爾如此緊密的關係，說馬克思與德國古典哲學是完全外在的關係不太恰當。因為馬克思的問題意識、核心概念與論證方式都與黑格爾高度

一致。比如對於市民社會的討論、對於政治經濟學的關注都十分相似。並且如果我們有耐心讀完馬克思的《資本論》第一卷，你會清楚地感覺其間各個概念運行的邏輯關係帶有濃重的黑格爾邏輯學色彩。這一點，馬克思也曾坦然承認，自己在《資本論》寫作過程中，的確需要不斷地回過頭去讀黑格爾的《邏輯學》。但另一方面，我們也看到了馬克思對於黑格爾的強烈拒斥，黑格爾的思辨性體系總是不斷遭到馬克思的批判。所以現在很多中外學者都把馬克思與祁克果、尼采放在一起，視為徹底拒斥德國古典哲學的三劍客。由此可見，就這個看似近乎常識性的問題，其實並沒有什麼想當然的正確答案。

　　關於這個問題的模棱兩可性，我想，在隨後的講述中，或許大家會越來越多地體會到。因為順着馬克思的文本一路走下來，馬克思與德國古典哲學的關係一定會如同回旋曲一般反復被我們吟唱。

　　好了，今天的引言說得足夠長了。下面我們回到歷

史中的馬克思，透過馬克思的《論猶太人問題》來對開篇的這個模棱兩可的問題做一個可能的回應。

上一次，我們其實已經提到了這篇小文。它是馬克思從克羅茨納赫帶到巴黎的一篇論戰性的文章，發表於1844年的《德法年鑑》之上。這本雜誌是當時馬克思的朋友盧格在巴黎主辦的一份新雜誌。在當時稿源並不太好，因此，馬克思這篇文章一定是雪中送炭。因為時事評論當然要追隨時代的腳步，而此時此刻要給予猶太人平等權利的鬥爭已經成為新興資產階級反對德國半封建的政治狀況的一種有效方式。在那個時候，青年黑格爾派的代表人物鮑威爾首先寫了兩篇論「猶太人問題」的文章，其中提出了有關政治解放的問題。對於鮑威爾而言，猶太人的問題就是政治解放的問題，而政治解放所實現的不過是猶太人從他們的宗教中所獲得的解放。

馬克思看了這兩篇文章，也洞察到了這的確是當下需要加以反思和批判的話題。但馬克思那善於把一切都徹底化的理論審視態度讓他並不滿意鮑威爾對於猶太人

解放的討論，覺得「太抽象了」。所以他決定順着鮑威爾的思路繼續走下去，將鮑威爾未能徹底化的說法徹底化。在我印象裏，這篇文獻應該算是馬克思與他的同道中人公開進行論戰的第一次，自此就有點一發不可收拾的意思。

　　詩人海涅曾經這樣形容德國學者的普遍秉性：「德國人在憎恨時也是唯心主義者。我們不像你們（指法國人）那樣為了一些外物，如為了虛榮心受了挫傷，為了一首諷刺詩，為了未能得到對方回訪的名片而懷恨，我們可不然，我們憎恨敵人內心深處的最本質的東西，也就是他們的思想⋯⋯我們德國人憎恨得徹底，憎恨得持久：我們德國人太老實，也太愚笨，不會立刻用惡意來進行報復，因此我們一直憎恨到最後一口氣為止。」❶所以馬克思與早年的摯友們很快地，僅僅因為思想上的

---

❶　[德] 亨利希‧海涅：《論德國宗教和哲學的歷史》，海安譯，商務印書館 1974 年版，第 81 頁。

差異就分道揚鑣，並近乎老死不相往來。

馬克思在這個時候認為鮑威爾所談論的猶太人的解放不僅流於表面，而且還不太正確，因為僅僅從宗教中解放出來既不能帶來真正的政治解放，更不會帶來人的真正解放。那麼政治解放與人的解放，究竟有什麼樣的區別呢？如果說，政治解放讓人掙脫了神學的束縛，成為市民社會中的人，那麼人的解放則要人從自私自利的小市民狀態中解放出來，成為真正擁有自主意識的人。換成我們大家都比較熟悉的語言來說，政治解放把人們從富有神學隱喻的封建社會中解放出來，讓人們開始進入資本主義社會，而人的解放則期望最終將人從資本邏輯中解放出來，走向「共產主義」。

有關政治解放與人的解放之間的關係，很重要，也被說得很多，大家在任何一本馬哲史教材中都可以讀到更為詳盡的講解。在此，我還是照例想說點別的。

重讀這篇小文獻的時候，由於帶着德國古典哲學與

馬克思之關係究竟為何的問題意識，我突然發現了一個有趣的現象：馬克思滿篇都在討論「解放」（Befreien），而很少談論「自由」（Freiheit），這個現象對於身處 19 世紀的德國哲學家來說非常少見。

為什麼這麼說呢？這還要從德國古典哲學的核心思想說起。因為研究馬克思，德國古典哲學也一直在我的研究視域中打轉。如果讓我用一個詞來概括德國古典哲學的核心概念的話，我會毫不猶豫選擇「自由」這個概念。雖然我一貫主張康德與後康德時代的其他思想家是平行關係而非先後繼承關係，但不管怎樣，對「自由」，特別是「意志自由」的追尋卻是所有德國古典哲學共同的理論旨歸。比如康德，用謹慎的劃界來為人的實踐理性奠基，而其實踐理性的最為核心的要點在於人為自身立法的理性自由。隨後徹底的康德主義者費希特對於可以進行自我設定的本源行動極為推崇，其最終目的也是為了呈現一種自由意志的無限性。黑格爾將費希特的這種不斷趨向於理想而永遠無法實現理想的無限性

視為「惡的無限」，但他自身以圓圈式發展所構築的好的無限性，即絕對精神，也不過是自由觀念的另一種表述方式。以上這些概括，如果你一時聽不明白，並不要緊，因為這的確是一個極為宏大而複雜的主題，在此，你只需記住德國古典哲學的整個核心要點在於「自由」，也就很好了。

那麼到了馬克思那裏，自由的核心地位卻突然消失了。馬克思開始不停地談論「解放」。大家要注意了，在德語當中，「自由」（Freiheit）與「解放」（Befreien）也算是同源詞，或者更直接地說，解放好像就是自由的動詞形態，所謂獲得自由，即是解放。所以我們或者可以首先為馬克思這種「不談自由，只談解放」的思想取向做如下闡釋：馬克思的思想導師們已經在極為抽象的觀念層面上一步步將人的自由做成了完整的、系統化的理論問題，對於馬克思來說，問題在於如何實現自由。由此，對「自由」的哲學反思，就變成了對「解放」的政治批判。

馬克思的這條思想理論清楚地展現在《論猶太人問題》的討論中。在此馬克思談到自由的時候充滿了諷刺意味。

馬克思追問：「自由是什麼呢？」[1]

隨後，他用了法國的《人權宣言》的第六條來加以說明，即「自由是做任何不損害他人權利的事情的權利」[2]。

這裏的自由，顯然與哲學意義上的意志自由毫無關係，它在本性上是一種政治自由，它不僅不玄妙，而且它所說的就是一種共同體的倫理規範。據我看來，馬克思一定認為德國古典哲學中的自由理念說得再好，也不過是一個理念，對於現實來說毫無意義，所以根本不值

---

[1] 《馬克思恩格斯全集》第 3 卷，人民出版社 2002 年版，第 183 頁。

[2] 《馬克思恩格斯全集》第 3 卷，人民出版社 2002 年版，第 183 頁。

得他去批判和思考。反而是這個與現實情境交融而形成的政治自由值得成為思想批判的對手。

在此，馬克思再一次極富洞察力地指出這種政治自由的虛假性，只是此時的虛假性並不在於它是抽象的，而是在於這種政治自由的現實基礎否定了自由本身：

> 自由這一人權不是建立在人與人相結合的基礎上，而是相反，建立在人與人相分隔的基礎上。這一權利就是這種分隔的權利，是狹隘的、局限於自身的個人的權利。

> 自由這一人權的實際應用就是私有財產這一人權。❶

馬克思的一雙慧眼又一次看穿了那些政治自由衛士的背後所隱藏着沒有說出的東西：那就是對私有財產的

❶ 《馬克思恩格斯全集》第 3 卷，人民出版社 2002 年版，第183 頁。

保護。想想《人權宣言》中對於平等、自由、安全、財產（《人權宣言》第二條）的強調，馬克思的批判的確很有道理。這裏的人權中的「人」，不是任何一個人，而是擁有財產的人，或者更進一步說，只有擁有財產的人才有「人權」可言。這是一個赤裸裸的以財產的不平等代替血緣的不平等的思維邏輯。但資產階級的革命卻將其裝點得貌似很徹底，似乎一場革命下來，已經真正實現了眾生平等。

正是因為《人權宣言》所宣佈的平等權利是擁有財產的人的權利，因此，在這一語境下的自由才表現的是一個相互隔絕的自由，自由因此總是以消極的方式，也就是以「不」損害他人利益的方式來獲得界定。換言之，這種人的自由本質上是相互限制，並相互否定的。顯然這種自由不是馬克思想要的。但他的自由究竟是什麼，馬克思並沒有給出一個正面的描述，或許在本質上，馬克思的自由也是一種普遍的自由，這種自由與德國古典哲學的意志自由並沒有本質的區別，但馬克思不

願意虛幻地談論它，他只是想，人究竟該如何從這種否定性的自由當中現實地解放出來，這才是實現理念自由的第一步，也是切實可行的第一步。

所以，我們要知道，馬克思談「解放」，其實也就是在談「自由」，是在談一種現實的自由的實現是如何可能的，對於這一問題的回答當然不是簡單的幾句宣言式的口號就可以實現的，它需要紮紮實實的研究工作，此時還未真正開始政治經濟學批判的馬克思，並沒有太多的能力做這個工作，此刻的他也只是用一個抽象的人的解放來替代政治的解放，草草結束了討論。

此刻，我想知道，如果大家能夠理解我在這裏所說的馬克思這段對自由和解放的討論方式，那麼你們該如何回答那個曾讓我困惑至今的問題：即馬克思究竟是在德國古典哲學之外，還是之內呢？希望大家能給我一個你們的答案。

穿越時空，

成為革命者

第十一章

　　當你翻開一本書的時候，你將如何對待作者的「導言」部分？會讀完正文再讀導言，抑或是亦步亦趨地從導言讀到正文？如果你拿到馬克思寫作於 1843─1844 年間的《〈黑格爾法哲學批判〉導言》的時候，這兩種做法都顯得不太恰當。因為你會發現，這篇導言所論及的內容似乎與那部叫作《黑格爾法哲學批判》的正文之間的關係不僅微乎其微，甚至觀點立場還多少有些相互抵觸。

　　這也難怪，寫作《黑格爾法哲學批判》的時候，馬克思還在德國，而這篇《〈黑格爾法哲學批判〉導言》卻完成於 1843 年的巴黎。於是，我們近乎瞬間看到了兩個馬克思，一個是德國的馬克思，一個是法國的馬克思。那個德國的馬克思仍然延續着德國哲學固有的觀念論色彩，用一種概念與現實的簡單顛倒來批判黑格爾，這種批判的確如同將一個頭足倒置的人重新倒過來一般，並無根本的改變，一個人無論站在地上，還是倒立在地上，不還是那個人嗎？海德格在 20 世紀 40 年代所

撰寫的《關於人道主義的一封信》中曾經就這樣批判薩特的顛倒：「顛倒的形而上學還是形而上學。」這一批判同樣適用於這個德國的馬克思。

而那個生活在巴黎的法國馬克思則似乎一夜之間改頭換面，一改正文當中那充滿學院派的批判方式，不再糾結於黑格爾思想的文本分析，也不再關心黑格爾思想中主詞與謂詞的簡單顛倒，轉而開始特別地思考德國的時代精神，以及如果要克服這一特定時代的問題，德國的批判者們究竟該做些什麼。

很奇怪的是，當時一大群遊走在巴黎的德國學者，在離開了自己的祖國之後，卻開始熱衷於討論德國的問題，比如我們反復引用的海涅，也是在身居法國的這個時期撰寫了那本好玩的《論德國宗教與哲學的歷史》一書。如同馬克思一樣，跳出德國以後，他們以近乎旁觀者的姿態來觀察自己出生、成長的德國。法國人以及整個歐洲在這個時候都成為了德國人的一面鏡子，在其中，德國人不僅照出了自己的民族性格，而且照出了自

己的那個時代。

馬克思的《〈黑格爾法哲學批判〉導言》是這場反思德國問題的重要成果。整篇文章充滿了火藥味。語言也十分接地氣，完全沒有了腐朽的學究氣，讓人讀完以後有一種熱血沸騰的感覺。不相信的話，我們先來看兩段。

馬克思開篇就指出了德國思想的現狀：宗教的批判已經結束，新的批判的方向注定將不再圍繞宗教，而是圍繞人展開：

宗教批判摘去了裝飾在鎖鏈上的那些虛幻的花朵，但並不是要人依舊帶上這些沒有任何樂趣任何慰藉的鎖鏈，而是要人扔掉它們，伸手摘取真實的花朵。宗教批判使人擺脫了幻想，使人能夠作為擺脫了幻想、具有理性的人來思想，來行動，來建立自己的現實性；使他能夠圍繞着自身和自己現實的太陽旋轉。宗教只是幻想的

太陽，當人還沒有開始圍繞自身旋轉以前，它總圍繞着人而旋轉。❶

　　這段話很有文采吧，在這篇類似宣言一樣的文章中，這樣的語句比比皆是。而且從不失其內在的思想性。要進行有關人的批判，需要從德國的現狀出發，從德國人的生存狀態出發，但作為革命者的馬克思，清楚地認識到，這場革命不是如德國人以往的革命一樣，總是僅僅發生在他們的頭腦當中，在此，革命是肉身的革命，是一場肉搏戰：

　　針對這個對象的批判是肉搏的批判；而在肉搏戰中，敵人是否高尚，是否有趣，出身是否相稱，這都無關重要，重要的是給敵人以打擊。不能使德國人有一點自欺和屈服的機會。應當讓受現實壓迫的人意識到壓

---

❶ 《馬克思恩格斯全集》第 1 卷，人民出版社 1956 年版，第 453 頁。

迫，從而使現實的壓迫更加沉重；應當宣揚恥辱，使恥辱更加恥辱。應當把德國社會的每個領域作為德國社會的 partie honteuse（污點）加以描述，應當給這些僵化了的制度唱起它們自己的調子，要它們跳起舞來！為了激起人民的勇氣，必須使他們對自己大吃一驚。這樣才能實現德意志民族的不可抗拒的要求，而民族要求的本身則是這些要求得以滿足的決定性原因。❶

讀着這樣的語言，我實在無法將它們的作者與那個曾經撰寫了《黑格爾法哲學批判》的馬克思看作一個人。讓肉搏戰直接進入到思想的表述當中，並實際上對於如何挑起這樣一場肉搏戰做如此認真的理論準備，馬克思可算是第一人。他如同一個思想史上的壞小孩，在這個時候將他的老師們曾經交給他的研究方式和寫作技巧統統扔到了角落裏。一切思想的運動都要與「現狀」

----

❶《馬克思恩格斯全集》第 1 卷，人民出版社 1956 年版，第 455—456 頁。

直接發生關聯：因為對他而言，「光是思想竭力體現為現實是不夠的，現實本身應當力求趨向思想」❶。

　　所以，此刻身處巴黎的馬克思在這裏所關心的，當然不僅僅是黑格爾的「法哲學」所構築的理論體系的成敗，而是如何將他已經完成的理論批判工作與現實的改變德國的行動聯繫起來。於是就有了對於當今馬克思哲學研究界而言引用率最高的這樣一段話：

　　批判的武器當然不能代替武器的批判，物質力量只能用物質力量來摧毀；但是理論一經掌握群眾，也會變成物質力量。理論只要說服 ad hominem（人），就能掌握群眾；而理論只要徹底，就能說服 ad hominem（人）。所謂徹底，就是抓住事物的根本。但人的根本就是人本身。❷

❶　《馬克思恩格斯全集》第 1 卷，人民出版社 1956 年版，第 462 頁。
❷　《馬克思恩格斯全集》第 1 卷，人民出版社 1956 年版，第 460 頁。

　　怎麼樣，大家是否體會到一種思想直接產生的火藥味啦？如果還沒有的話，建議大家找來這篇不長的文章，通篇讀下來，革命的氣息會更為濃烈地撲面而來。

　　需要特別指出的是，這裏所談到的「徹底性」，也就是激進性，這個詞在英語當中是同一個詞：radical。所以今天常常被我們談論的激進思潮研究雖然包含着對於革命本身的思考，但更多地還意味着將任何一種理論一步步徹底化的傾向。也就是說，並不是所有的激進思潮都弘揚革命，但所有的激進思潮一定包含着以一種徹底化的視角去審視現實的理論道路。

　　恩格斯在馬克思墓前的講話中斬釘截鐵地指出：馬克思首先是一個革命家。作為哲學工作者的我們，有時候難免會有意或者無意地忽略這一說法，從而將馬克思視為一個如我們一般的學院中人，每天摘抄學術文獻僅僅為了推進幾個概念的邏輯運演，這種做法對於馬克思哲學的研究工作當然具有重要的理論意義，但卻可能錯過馬克思思想中天然具有的這股火藥味，而在我看來，

從某種意義上說，正是這股火藥味才真正成就了一個不同於德國古典哲學任何一位思想家的馬克思。

　　一個原本研究古希臘哲學的哲學博士為什麼「秒變」革命者？當然不能僅僅從青年馬克思固有的激進個性來說明，我們需要同時看到當時德國的現狀所給予馬克思的啟示。

　　馬克思的哲學，正如我此前已經講過的那樣，在本質上是一個以時代精神為對象的理論。因此對於當下時代特質的判定成為了馬克思哲學的核心要點，在這篇導言中，馬克思的哲學再一次回應了這一特質：「工業以至於整個經濟界和政治界的關係是現代主要問題之一。」❶ 這是馬克思對於整個現實社會之本質的界定，但德國的情況卻十分特殊，對於馬克思而言，德國的當下正是法國以及歐洲其他國家的「歷史」：「現代德國制度是一個時代上的錯誤」：

❶ 《馬克思恩格斯全集》第 1 卷，人民出版社 1956 年版，第 457 頁。

所以在法國和英國行將完結的事物，在德國才剛剛開始。這些國家在理論上反對的、而且依舊當做鎖鏈來忍受的陳舊的腐朽的制度，在德國卻被當做美好未來的初升朝霞而受到歡迎，這個美好的未來剛從狡猾的理論過渡到最無恥的實踐。在法國和英國，問題是政治經濟學或社會對財富的控制；在德國卻是國民經濟學或私有財產對國家的控制。因此，在法國和英國是消滅已經發展到最大限度的獨佔；在德國，卻是把獨佔發展到最大限度。❶

看到了吧，德國的現實嚴重落後於法國和英國，在法國和英國已經發生過的歷史，在德國還是新鮮事兒，馬克思這段話向我們表明了這樣一個場景：如果你是一個法國人，剛好在 1844 年左右造訪德國，你會有一種時空穿越的感覺，好像一夜之間回到了幾十年前，甚至

❶《馬克思恩格斯全集》第 1 卷，人民出版社 1956 年版，第 457 頁。

更為久遠；在德國，國家所頒佈的法律，市井中討論的話題都過時好久了。而你這個法國人則不僅是一個空間上的異鄉人，而且還是時間上的未來人。

馬克思寫出上面這一段話，顯然也是有感而發的。只是不同的是，他作為一個從德國移民到法國的人，卻是一個從過去穿越到了未來的人。大家能否體會到這種時空穿越所帶來的巨大衝擊呢？呈現在馬克思眼前的是，在德國還沒有真正被認識，被實踐的政治經濟學的諸多理論，以及由於對財富的佔有而產生的所有權的問題在法國卻已經成為了大家公開批判的對象。那還在馬克思的睡帽中爆發的革命，在巴黎卻已經成為了現實的工人運動。貧苦的人們已經開始學會聯合起來進行現實的鬥爭。當時著名的正義者同盟，雖然是一個德意志工人組成的革命團體，但他們的成立與擴張也只能發生在法國。他們是一群集體穿越的德國人，從舊的制度中穿越出來，在未來的時空中踐行着他們有關舊制度的所有批判。

這種感覺一定超級爽。

我總有一個偏見，只有看得見未來的人才會成為徹底的革命者，因為未來的場景不僅讓他看到過去舊制度的惡，同時更為重要的是讓他們相信克服舊制度具有真實的可能性。那個德國的馬克思雖然已經感到了德國思辨哲學的窒息，但卻只有那個穿越到法國的馬克思，才讓自己真正成為了一個現實的革命者，因為他不僅看到了新世界可能的樣子，同時還發現了那個顛覆舊世界的現實力量——一群被馬克思稱為「無產階級」的人們正活躍在這個新世界中。

無產階級
橫空出世

第十二章

　　巴黎，實在是一個神奇的地方。所有那些銳利的、富有想象力和批判力的人都可以在這裏找到故鄉的感覺。出身喜劇演員的美國著名導演伍迪·艾倫，一生的電影風格總是難以逃離嬉笑怒罵間的些許憤世嫉俗。但在 2011 年拍攝的《午夜巴黎》中卻除了對於巴黎每一個角落無盡的讚美之外，沒有任何多餘的情感。該片也被視為是伍迪·艾倫給巴黎寫的一封情書。巴黎的魅力可見一斑。

　　1844 年的巴黎，或許也有過甜美而溫馨的夜色，但由於大革命的餘波未平，1848 年的革命正在醞釀當中，因此馬克思思想中的火藥味每一天都悄悄在巴黎四處瀰漫。這是一個奧斯曼建築還未登場的巴黎，因此現代化的城市模型也未能呈現出它的雛形，這意味着貫穿全城的小巷仍然四通八達，當然這也就意味着激烈的巷戰仍有它展開的恰當場所。最終，所有這一切都還意味着弱小勢力的一方，還有顛覆龐大國家機器的可能性，因為肉搏戰，作為現代戰爭的最後一道防線，還需依賴

於個人的信念與肉身，而不僅僅依賴於冷冰冰的先進武器。

如果說整個 19 世紀都是革命的世紀，那麼法國巴黎則是整個革命世紀的中心。全世界的革命者在這裏都可以獲得一種聯合的可能性。批判者忙着生產出各色的理論。剛剛被推翻的封建君主早已不再是他們着力批判的對象，新興的資產階級剛剛萌發出來，卻已經開始遭到無情的揭露和批判。農民出身的法國思想領袖蒲魯東極為激進地叫喊着「財產即盜竊」，出身俄國小貴族的無政府主義者巴枯寧也在巴黎如魚得水，著名的激進主義者、德國裁縫威廉·魏特林在巴黎四處演講，獲得眾多的支持者。而就在同一時期，馬克思和恩格斯，兩個雖然帶有激進思想，但卻顯得更為冷靜的年輕人也來到了巴黎。

這就是馬克思第一次系統闡發「無產階級」理論時的時代背景。這一理論同樣出現在我上一次剛剛討論過的《〈黑格爾法哲學批判〉導言》當中。

在這部《導言》中，馬克思不僅準確判定了德國的時代屬性屬於一種落後的歷史，同時還頗為激進而急切地試圖將德國拉回到正常的世界歷史的軌道上來，因為依照此刻的馬克思看來：

我們德意志人是在思想中、哲學中經歷自己的未來的歷史的。我們是本世紀的哲學同時代人，而不是本世紀的歷史同時代人。德國的哲學是德國歷史在觀念上的繼續。因此，當我們不去批判我們現實歷史的 oeuvres incomplètes（未完成的著作），而來批判我們觀念歷史的 oeuvres posthumes（遺著）——哲學的時候，我們的批判恰恰接觸到了本世紀所謂的 that is the question！（問題所在！）的那些問題的中心。❶

也就是說，德國雖然就現實發展而言落後於其他國家，但他們的哲學卻與整個時代是同步的。德國觀念，

❶《馬克思恩格斯全集》第 1 卷，人民出版社 1956 年版，第 458 頁。

也就是哲學中所觸及的問題，也是這個時代的核心問題。因此，當馬克思展開對於黑格爾法哲學的批判，其實反而是超越了德國的現實，直擊了當代歐洲的現實。

　　但已經身處巴黎的馬克思懂得，即便他對於德國的觀念論做出再好的批判，其最終的工作仍需要落實到對於德國現實制度的批判。此刻的馬克思，一方面心急如焚，大喊着「應該向德國制度開火！一定要開火！這種制度雖然低於歷史水平，低於任何批判，但依然是批判的對象，正像一個罪犯低於人性的水平，依然是劊子手的對象一樣」❶；但另一方面，馬克思卻又顯現出極大的耐心，詳盡分析德國複雜的現實，因為德國觀念的先進與現實的落後之間的糾纏，反而使得德國思維政治現狀中同時包含了現代國家的文明缺陷以及舊制度全部的野蠻缺陷。所以，此時身處異鄉的馬克思突然發現德國的這種情景使得「不摧毀政治現狀的一般障礙，就不可能

❶ 《馬克思恩格斯全集》第 1 卷，人民出版社 1956 年版，第 455 頁。

摧毀德國的特殊障礙」[1]。由此,德國解放的方式和途徑也就可能成為普遍解放的途徑。對於德國的解放方式的討論就不僅是對於一個個別國家的革命的討論,而是對於普遍的人類解放的革命的討論。

既然任務如此艱巨而偉大,所以找尋完成這一任務的人就變得極為重要而關鍵了。一貫惜墨如金的馬克思在此竟然開始近乎有些囉唆地描述一個可能擔當這一任務的階級該有的樣子:

在市民社會,任何一個階級要想扮演這個角色,就必須在一瞬間激起自己和群眾的熱情。在這瞬間,這個階級和整個社會親如手足,打成一片,不分彼此,它被看做和被認為是社會的普遍代表;在這瞬間,這個階級本身的要求和權利真正成了社會本身的權利和要求,

[1] 《馬克思恩格斯全集》第 1 卷,人民出版社 1956 年版,第463 頁。

它真正是社會理性和社會的心臟。只有為了社會的普遍權利，個別階級才能要求普遍統治。要取得這種解放者的地位，從而在政治上利用一切社會領域來為自己的領域服務，光憑革命精力和精神上的優越感是不夠的。要使人民革命和市民社會個別階級的解放相吻合，要使一個等級成為整個社會的等級，社會的一切缺點就必須集中於另一個階級，一定的等級就必須成為一般障礙的化身，成為一切等級所共通的障礙的體現；一種特殊的社會領域就必須被看成整個社會公認的罪惡，因此，從這個領域解放出來就表現為普遍的自我解放。要使一個等級 par excellenec（真正）成為解放者等級，另一個等級相反地就應當成為明顯的奴役者等級。❶

那些試圖擔當解放全人類之使命的人們注意啦，馬克思在此告訴大家，要做這樣偉大的歷史工作，首先要

❶ 《馬克思恩格斯全集》第 1 卷，人民出版社 1956 年版，第464 頁。

學會和群眾打成一片，而後還要有一個獨家祕籍，那就是要將一個階級的利益轉變為整個社會的利益。而要能做到這一點，必須要頭腦清醒，同仇敵愾地發現與我們的階級相對抗的另外一個階級，將所有的社會罪惡都歸結為另外一個階級。這就有點像小孩子玩的警察與小偷的遊戲，在遊戲真正開始之前，首先要區分的是，誰是警察，誰是小偷。

當然解放事業不是遊戲，但孩子的遊戲卻有可能是人類社會歷史的縮影。所以馬克思指出，德國的問題是普遍的，因此擔當德國解放的階級也應該具有普遍意義。如果是這樣，那麼我們就要認真地去找一個能夠做到以上這些工作的階級。

好了，既然模板找到了，那麼下面的工作就是來看一下在德國是否天然地存在着這樣一個階級。馬克思很鬱悶，他在他的同胞當中卻恰恰看不到與這個鬥爭的需要相匹配的國民性：

德國的任何一個特殊階級，不僅缺乏那些把自己標誌為社會消極代表的徹底、尖銳、勇敢、無情，同樣任何一個等級也缺乏和人民心胸相同 —— 即使是瞬間的相同 —— 的開闊的胸懷，缺乏鼓舞物質力量實行政治暴力的感悟，缺乏革命的大無畏精神，敢於向敵人傲然挑戰：我算不了什麼，但我必須主宰一切。構成德國道德和忠誠 —— 不僅是個別人的，而且是各個階級的 —— 的基礎的，卻反而是被壓抑的利己主義；這種利己主義故步自封，而且希望別人也能故步自封。❶

這段話應該算是馬克思對於德國國民性的一種反思吧。字裏行間透着一種恨鐵不成鋼的批判。這是一個真實的德國人的肖像嗎？當然不能完全當真，畢竟馬克思在這裏討論的國民性隱含着一個人類解放的問題意識。如果說天然的德國國民不能擔當解放之重任，那麼法國人卻是天然地具有解放階級的一切品行：

❶ 《馬克思恩格斯全集》第 1 卷，人民出版社 1956 年版，第 464 頁。

　　在法國，人民中的每個階級都是政治的理想主義
者，它首先並不感到自己是個特殊階級，而是整個社會
需要的代表。因此，解放者的角色在充滿戲劇性的運動
中順次由法國人民的各個階級擔任，直到最後由這樣一
個階級擔任，這個階級將要實現社會自由，但它已不使
這個自由受到人的外部的但仍然是由人類社會造成的一
定條件的限制，而是從社會自由這一必要前提出發，創
造人類存在的一切條件。❶

　　這是馬克思眼中的法國的國民性，我們也可以不
必當真。無論是德國人還是法國人，對於此刻的馬克思
來說，誰能以一個特殊的階級去彰顯一種普遍的苦難，
並同時看到一個與自己絕對對立的階級，誰就會得到
此刻的馬克思高度的讚揚。因為這個時候的馬克思心心
念念的都是一個真正能夠帶領德國走向解放的階級，至

---

❶ 《馬克思恩格斯全集》第 1 卷，人民出版社 1956 年版，第 465—
466 頁。

於這個階級的人是德國人還是法國人，真真是無所謂的事情：

於是，我們大家都很熟悉的無產階級「橫空出世」了：

德國解放的實際可能性到底在哪裏呢？

答：就在於形成一個被徹底的鎖鏈束縛着的階級，即形成一個非市民社會階級的市民社會階級，一個表明一切等級解體的等級；一個由於自己受的普遍苦難而具有普遍性質的領域，這個領域並不要求享有任何一種特殊權利，因為它的痛苦不是特殊的無權，而是一般無權，它不能再求助於歷史權利，而只能求助於人權，它不是同德國國家制度的後果發生片面矛盾，而是同它的前提發生全面矛盾，最後，它是一個若不從其他一切社會領域解放出來並同時解放其他一切社會領域，就不能解放自己的領域，總之是這樣一個領域，它本身表現了人的完全喪失，並因而只有通過人的完全恢復才能恢復

自己。這個社會解體的結果，作為一個特殊等級來說，就是無產階級。[1]

無產階級就這樣誕生了，不知大家到這個時候是否意識到這樣一個問題：馬克思所提出的這個無產階級，不僅不是任何一個國家的國民，而且他還具有某種特殊的精神氣質：一個富有普遍性的特殊存在。這個精神氣質很哲學，我承認，但我實在也找不出特別通俗的語言來表達它了。這是一個悖論，我也承認，嚴重違反了形式邏輯中的不矛盾律。但為什麼會這樣呢？原因或者有點出乎你的意料：無產階級，就其本質而言，首先就是一個哲學概念，而後才是一群鮮活的人。因此，我說，無產階級橫空出世，因為它並不存在於客觀世界當中，也就是說，馬克思並不是從觀察當中發現了無產階級。馬克思看到了德國人與法國人的不同，儘管法國人的

[1] 《馬克思恩格斯全集》第 1 卷，人民出版社 1956 年版，第 466 頁。

確天然具有無產階級的些許本性，但卻仍然不是無產階級，無產階級是馬克思為了解決人類普遍解放的問題而首先提出的哲學概念。因為只有哲學概念才有普遍性，不是嗎？

所以，我們總是說馬克思很偉大，他不僅給出了對現代社會的種種分析，而且他還給出了逃離資本社會的可能性路徑。其中「對無產階級的發現」的確是很重要的一環，但在此，從這篇類似於宣言一般的《〈黑格爾法哲學批判〉導言》出發，我想將馬克思「發現了無產階級」，這句話做一點小小的修改：將它修改為馬克思「發明」了無產階級。

為了能夠實現一場普遍的人類解放的革命，馬克思為我們發明了一個普遍的鬥爭階級，叫作無產階級，所有人或許都並不天然是無產階級，但所有人卻都可能在資本主義社會中被轉變為無產階級。無產者，之所以具有一種將全世界聯合起來的力量，其根本的原因，正在於此。

遲來的傳奇

——《1844 年經濟學哲學手稿》（一）

　　不知為什麼，歷史上的某些年份總會充滿傳奇，可以載入史冊，被我們反復談起，而另外一些年份則平庸乏味，不值一提。比如 1844 年這一年，社會發展的方方面面都出現了不尋常的跡象。在這一年裏，德國西里西亞紡織工人的大罷工永載史冊；在這一年裏，尼采出生，讓我們彷彿聽到了西方形而上學沒落的喪鐘；在這一年裏，美國人摩爾斯發出的第一份電報預示了未來科學技術時代的大幕已經拉開。但對於所有學習過馬克思哲學的人而言，在這一年裏，還有一件極具震撼力的事件發生，那就是馬克思的《1844 年經濟學哲學手稿》的誕生。

　　1844 年 5 月 1 日，在巴黎，馬克思與燕妮的第一個孩子出生。據說這個孩子病得很厲害，燕妮不得不帶着她回到特里爾待了兩個月，留下馬克思在巴黎獨自度過了一段時間。1918 年，德國早期著名的馬克思主義者法蘭茲·梅林在他完成的《馬克思傳》中對於這段時間的馬克思究竟做了什麼，說得非常模糊，馬克思似乎陷入了一種癲狂狀態，每天奮筆疾書，徹夜工作，但在

梅林所能看到的文獻中，卻沒有發現任何一部完成的作品屬於這個時期。

馬克思是一個工作狂，這在盧格對馬克思的描述中可見一斑：

他讀了很多書，工作異常勤奮。他有批判的天分，有時這種天分會墜入純粹的辯證法遊戲，但他從沒有做成任何一件事 —— 他會中斷任何研究陷入新的書籍海洋……他比以前任何時候都更興奮、更激烈，特別是當他工作病倒，連續三夜，甚至四夜都沒有休息時更是如此。❶

這一時期，馬克思這麼拚命地讀書學習，當真什麼收穫都沒有嗎？當然不是。當戴維·麥克萊倫於 20 世

---

❶ ［英］戴維·麥克萊倫：《馬克思傳》，王珍譯，中國人民大學出版社 2016 年版，第 98 頁。

紀七八十年代重新撰寫《馬克思傳》的時候，他已經可
以非常確定地指出：

在妻子和孩子離開期間，馬克思作了內容豐富的關
於古典經濟學、共產主義和黑格爾著作的筆記。這些文
獻以《1844 年經濟學哲學手稿》或《1844 年手稿》為
人所知。❶

看似輕描淡寫的一段文字，實際上卻隱含着一段遲
到的傳奇。

這部傳奇的主角 ——《1844 年經濟學哲學手稿》命
運多舛。在馬克思在世之時，沒有人知道它的存在。以
至於最早的馬克思傳記作家梅林，都對此一無所知。
一直到 20 世紀 20 年代左右，這部手稿才突然現身於蘇
聯。那個時候有一位堅定的俄國馬克思主義者，名叫梁

❶ ［英］戴維·麥克萊倫：《馬克思傳》，王珍譯，中國人民大學出
版社 2016 年版，第 98 頁。

贊諾夫，時任蘇聯莫斯科馬克思恩格斯研究院的院長。正是在梁贊諾夫的主持下，《馬克思恩格斯全集》的編纂工作才陸續拉開序幕，並持續多年。據說梁贊諾夫拯救了很多散落遺失的手稿。《1844年經濟學哲學手稿》只是其中之一。

因為是手稿，並且殘破不堪，因此如何整理它直接影響了對這部手稿的理解和認識。1927年，當梁贊諾夫以《〈神聖家族〉預備手稿》為名出版它的時候，這部手稿沒有引發任何的討論。大約因為它混亂的排列，抑或是因為當時人們還在根本上缺乏認知這一手稿重要意義的問題域。此後它的某些片段於1929年2月發表在巴黎出版的《馬克思主義評論》雜誌第一期上。但好像也沒有什麼反響。

直至1932年。

這一年近乎成為了西方馬克思主義的創世元年。1932年，這部改稱為《1844年經濟學哲學手稿》的文

獻再次被發表出來。但這還不是問題的關鍵。問題的關鍵在於，在這一版當中，手稿的各個部分之間多出了很多小標題：「資本」、「地租」、「異化勞動和私有財產」、「私有財產和共產主義」等等，這些今天在各個版本上都清晰可見的不同段落與小標題當時被加入的時候卻產生了驚世駭俗的效果。人們從中間突然看到一個相對完整的體系正在逐漸形成：在這個體系當中，哲學與經濟學獲得了一種奇妙的結合。

馬克思在這部手稿的序言當中這樣說：

對國民經濟學的批判，以及整個實證的批判，全靠費爾巴哈的發現給它打下真正的基礎。從費爾巴哈起才開始了實證的人道主義的和自然主義的批判。❶

---

❶《馬克思恩格斯全集》第3卷，人民出版社2002年版，第220頁。

　　面對這樣一段話，我想強調兩件事：第一，這是馬克思與他的另一位思想導師費爾巴哈告別的作品。告別的方式在於，馬克思一邊不遺餘力地讚揚他，另一邊卻已經悄悄地開始了他對於這位導師的思想游離。所以當我們閱讀《1844 年經濟學哲學手稿》的時候，面對馬克思對於費爾巴哈的很多評價，都要特別小心，因為這其中已經開始暗藏玄機啦。第二，更為重要的是馬克思用一個政治經濟學的批判開啟了一種新的哲學類型：經濟學 — 哲學。請大家注意，不是經濟哲學，而是經濟學 — 哲學，在這裏，哲學與經濟學的關係不是外在的相加，而是內在的有機整合。這個內在的整合關係主要體現在馬克思終其一生都在做的有關政治經濟學的「批判」工作。在此馬克思的政治經濟學批判就是一種哲學，而馬克思的哲學也就是一種政治經濟學批判。

　　經濟學 — 哲學的這一雙重視角，用一個時髦的詞兒來描述的話，這其中包含着一種「視差之見」，如果你不知道什麼叫作視差之見，那你一定看過 3D 電影

吧。視差之見，就是 3D 眼鏡的工作原理：3D 眼鏡之所以能讓平面的影像立體起來，正是因為運用了人在觀看事物的時候左右眼之間存在的角度差。這就如同經濟學與哲學的視角差異一樣，當馬克思將這兩個視角有機整合在一起的時候，結果是什麼呢？很簡單，當然是所有那些處於理論平面的東西都變得立體起來啦。

馬克思用這一雙重視角創造了一副哲學理論的 3D 眼鏡。黑格爾有過這種類似的想法，但由於最終所見之物總還局限在概念的邏輯推演當中，而讓思想仍歸於平面。然而試想，現實中的我們，有誰不是三維立體地呈現在每個人的面前呢。馬克思很牛的地方在於，他善於用一種雙重視角的審視方式，用概念、命題直接勾勒出一個真實的、立體的事物。不僅《1844 年經濟學哲學手稿》如此，《1857—1858 年經濟學手稿》也是如此，這部手稿雖然是作為馬克思《資本論》的準備材料，但長久以來，卻被很多國內外學者追捧，認為它寫得更有趣、更豐富，更富有思想的靈氣。

的確如此，作為研究者的我們都知道，當我們讀書的時候，一些天馬行空式的想法總會不可避免地跳躍而出，但一旦要開始撰寫中規中矩的學術論文或者著作的時候，很多銳利的、有趣的、「不成體統」的想法就很難被闡發出來了。而這正是《1857—1858年經濟學手稿》與《資本論》之間的區別所在。

在1867年9月的德國漢堡，馬克思的《資本論》第一卷正式出版了，但大家要注意了，其中的副標題仍然是「政治經濟學批判」哦。這裏的批判，不僅僅意味着批評，它更多地繼承了康德以來的德國批判哲學的基本精神：我將這種批判精神稱為「澄清前提，劃清界限」。這句話是什麼意思呢，也就是說，馬克思其實對於當時剛剛興起的國民經濟學的基本觀念都可以接受，比如這些國民經濟學家對於工資、地租與資本的分析框架，以勞動價值論為核心的價值理論等等，馬克思都是贊同的。他所批判的只是這樣一種做法：即這些概念作為非歷史的永恆真理而被接受下來。

政治經濟學批判，簡單說來，就是考察一下價值、勞動等這些概念得以產生的歷史背景。比如說，對於政治經濟學家來說，任何時候，價值交換都是社會經濟交往的一種方式，而對於馬克思來說，這種設定其實是一種幻想。馬克思在《1857—1858年經濟學手稿》當中曾將這種幻想稱為「魯濱遜一類的故事」，在其中經濟事實的出發點是「孤立的獵人和漁夫」❶。但其實在馬克思看來，這不過是穿着獵人和漁夫衣服的兩個資本家罷了，否則他們怎麼會想到要將自己所謂的剩餘產品拿出去「等價交換」呢？後來有個叫作莫斯的法國人類學家出了一本小冊子，名字叫作《禮物》，在其中他通過實地考察了一些現代原始人的部落，實際上印證了馬克思的這一批判。其實在原始人的部落中，剩餘的產品統統被拿去祭祀或者送給別的部落了，這在原始人看來是一件可能帶來好運的事。所以原始人從來不覺得什麼東西是可以被「剩」下來與別人交換的。沒有剩餘，也就

---

❶ 《馬克思恩格斯全集》第30卷，人民出版社1995年版，第22頁。

沒有什麼「經濟」問題。不知大家注意到了嗎？所謂的「經濟」（Economic），同時也是「節儉」的意思，但如果沒有剩餘，哪裏來的節儉的觀念？

所以大家明白了吧，因為馬克思不是一個純粹的經濟學家，他的德國式的批判眼光讓他發現當時的國民經濟學家的幼稚。他們的一維視角讓他們看到的東西也是平面的。而馬克思的經濟學—哲學的立體視角，卻看到了一個發展中的活生生的立體事實，因此所有經濟學家的很多困惑不解的問題也將得到迎刃而解的回答。在有關《1844 年經濟學哲學手稿》系列講述中，我們就會給大家嘗試講幾個類似這樣的問題。

最初絕大多數西方學者完全看不上這部充滿着費爾巴哈哲學基調的馬克思的文獻，將其視為不成熟的青年馬克思做過的一點讀書筆記，不值一提。只有一位來自匈牙利的絕頂聰明的理論家，後來被稱為早期西方馬克思主義代表人物之一的格奧爾格·盧卡奇，將這部手稿視為珍寶。

盧卡奇從對於文學評論的熱愛當中發現了馬克思的精彩，並在 20 世紀 20 年代與海德格一起感覺到現代社會對於人的本質的操縱。盧卡奇於 1923 年完成了一部被稱為「西方馬克思主義聖經」的著作《歷史與階級意識》，他在其中提出了一個有關人的物化的問題，並斷言在馬克思的青年時代應該曾經經歷過一個強調物化的人道主義思想階段。但請大家注意哦，1923 年，由於《1844 年經濟學哲學手稿》還未被世人真正地發現，所以盧卡奇的這個斷言也僅僅是主觀的斷言。20 世紀 30 年代，流亡蘇聯的盧卡奇在馬列主義研究院裏閱讀到了當時還未被大家普遍認識的《1844 年經濟學哲學手稿》，大為震驚與感歎。因為它實際上不僅充分印證了盧卡奇曾經的斷言，同時還讓盧卡奇從馬克思《資本論》中讀出的物化概念找到了更為早期、更為經典的同義詞，即異化概念。盧卡奇一時間聲名鵲起。

有一種說法，認為 1932 年問世的《1844 年經濟學哲學手稿》小標題就是盧卡奇所加的，正是因為盧卡奇

擁有「物化」的問題域，因此讀懂了這部手稿的核心話題。今天的《1844 年經濟學哲學手稿》或許正是經過盧卡奇的重新編輯而釋放出這麼多重要的理論意義。而整個西方思想界也通過這部新發現的手稿重新愛上了馬克思。影響了近乎半個世紀的西方馬克思主義，藉此登上了歷史的舞台。

一部手稿，激發出了一個學派，並帶來一整套分析現代社會的話語體系。長久以來，這部手稿一直是馬克思主義思想發展史上的熱門話題。各個不同的領域不斷地從這一思想當中汲取它的養分，它近乎變成了一個取之不盡、用之不竭的大寶藏，直到現在，還在被源源不絕地被開採着。

誰在抽象思考？

——《1844 年經濟學哲學手稿》（二）

第十四章

在上一節中，我們談到了馬克思創造了一副哲學理論的 3D 眼鏡。世界從此不僅立體了，而且還具體了。不太了解哲學的人，總是說哲學家太抽象了，因為他們每天談論的都是一些與現實生活毫無關係的概念。誰最具體呢？是那些每天都在市井當中穿梭的人們嗎？你會不會毫不猶豫地對這樣的看法表示贊同呢？

馬克思的老師黑格爾曾經寫過一篇很有趣的小文章，題目就叫作「誰在抽象思考」，大家在網絡上到處都可以搜到這篇文章。相信在大家的頭腦中都認為，還有誰能比黑格爾更抽象呢？不是嗎？黑格爾一生最成熟的著作是他的《邏輯學》，在這部著作中，他竟然要用一整套概念來講述現實。現實生活，在這本書中完全消失了，我們所看到的都是三個一組的概念演進，枯燥乏味到極致，但黑格爾卻談得津津有味，總覺得他告訴我們的就是現實的真理本身。所以，所有讀過黑格爾的人，一定都會有同感：黑格爾，什麼都好，就是太抽象啦！

　　但現在黑格爾卻如同一個受了委屈的孩子一般，向指責他的人們叫喊着：「誰在抽象思考？說我抽象，我來告訴你什麼是真正的具體吧！」這個對白是我編的，但如果你從網上找來這篇小文讀一下，相信你的感受一定與我是一樣的。

　　黑格爾在這篇小文中舉了很多的例子，其中就包括一個市井老婦的故事：一個女傭到市場買一個老婦的雞蛋，發現她的雞蛋是壞的，於是就直白地說了出來：

　　「老婦，你的雞蛋是壞的！」

　　「什麼，」她還嘴說，「我的雞蛋是壞的，你才壞呢！竟然這樣說我的蛋？就憑你？你爸是不是在鄉間大馬路上被虱子咬了？你媽不是跟法國佬逃了嗎？你奶奶是不是死在養老院了？……」

　　就這樣黑格爾不厭其煩地寫了一大堆罵人的話。然後黑格爾竟然告訴大家，正是這個老婦在抽象地思考，

因為她將女傭的全家以及與這個女傭一切相關的事情都與她指出雞蛋是壞的這件事聯繫起來。

這究竟是什麼意思呢？這意味着，所謂的抽象，就是以偏概全。一個人的一種行為成為了用以解釋她整個人生的普遍原則，她曾經做過的一切，她的人生經歷最終都成為了印證這個行為的例證。正如黑格爾在這篇小文中指出的另一個有關殺人犯的故事，因為他是殺人犯，所以當一個女性說他不僅英俊，而且實際上是一個風趣的人的時候，遭到了很多人詫異的責難：天哪，你竟然認為殺人犯是英俊的！看吧，這才是真正的抽象。黑格爾這樣告訴我們。

不知大家是否理解並認同於黑格爾這個有關具體和抽象的界定。我覺得很有道理：並不是滿口說着具體故事的人就不抽象，相反當一個人固守一個原則解釋一切的時候，其實他比哲學家還抽象。

在《1844年經濟學哲學手稿》中，雖然馬克思在

最後一部分「嚴厲地批判」了黑格爾，但有一個不爭的事實是，馬克思以實際行動踐行着黑格爾的具體性原則，首先狠狠地批判了一幫只懂得魯濱遜式生存方式的國民經濟學家們，用一種哲學的具體擊碎了他們的抽象經濟學。

在這一時期，有關經濟學有多種表述方式，什麼國民經濟學、古典政治經濟學，說的都是一回事。由於學科區分越來越清晰，所以政治學和經濟學在當今時代成為了兩門學科，但實際上，在經濟學誕生之初，它本身就是政治的一部分。對於一個國民經濟學家來說，他所研究的政治經濟學關注的核心問題只能是：一個國家的財富究竟該如何積累。就這一問題，一群試圖參政議政的思想家們提出了不同的假定：

比如早期的重商主義者們都認為，財富源於商業流通中的賤賣貴買，貨幣的積累是財富的基本形態。這種說法，對於今天的我們來說聽起來很可笑。誰不知道這種所謂的賤賣貴買對於一個國家的財富總量來說，僅僅

是左兜裝右兜，總量是從來沒有什麼真正的變化的。因此那些踐行重商主義的國家，最終都陷入了巨大的經濟危機，例如當年的西班牙，他們富於黃金，貧於生產，最終在可怕的貿易逆差中被毀滅。

因為有了西班牙的前車之鑒，國民經濟學家們開始提出重農主義的解釋路徑。一顆種子種在地下，總是可以長出更多的糧食，這個增量是真實可見的，所以財富就在這裏產生出來。但不知大家是否體會到這種討論路徑對財富的存在樣態以及生產方式做了太過偏狹的界定呢。在這一界定當中，那些非農業化的生產方式，難道與財富的生成就毫無關係了嗎？顯然不是這樣的。

在同樣一個問題域之中，國民經濟學家威廉·配第接踵而至，他終於讓財富的構成跳出了具體的實物形態，讓「勞動」，這個抽象的規定成為了一切財富的源泉：「勞動是財富之父，土地是財富之母。」馬克思顯然很喜歡這句話，經常加以引用，而且還將威廉·配第視為國民經濟學的鼻祖。

　　一般說來，直觀本質是一件不太容易的事情。所以
當配第用「勞動」來規定財富的時候，他真是做了一件
很了不起的事情，我覺得，這有點像古希臘時期的巴門
尼德，在希臘思想家都還在用什麼「水」、「火」、「土」
等各種元素去討論世界統一性的問題的時候，巴門尼德
卻用一個「存在」來概括這種統一性，從而真正開啟了
西方形而上學之路。

　　但配第所完成的這種抽象程度還不是太高。如果
沒有亞當·斯密 —— 這個國民經濟學界的馬丁·路德，
那麼勞動，在國民經濟學中還未能獲得那麼重要的理論
地位。亞當·斯密，這個偏愛做海關和鹽稅官員的大學
者，留給世人的不僅是他所發現的市場背後存在着的那
只看不見的手，同時還包括對於整套價值理論的系統建
構。勞動，脫離了具體的工業勞動、農業勞動、手工勞
動，成為了財富的普遍化構成。財富的抽象屬性逐漸顯
露出來。財富的產生也由此徹底從重商主義所主張的流
通領域轉向了生產領域。

斯密的這套理論在大衛·李嘉圖那裏變得更為規範而系統。特別是有關什麼樣的勞動會真正決定價值的高低，李嘉圖考慮的要比斯密周密得多，對於這方面的討論，在此就先一筆帶過了。

其實當時的國民經濟學家們還有很多的。比如讓·薩伊，西斯蒙第、穆勒等等，他們很多人都在研究價值理論的過程中發現了勞動與資本以及資本與土地相分離的實事。包括私有財產的問題，好像都已經在他們的論述中有所表現，甚至包括馬克思在《資本論》中特別闡發的經濟危機的相關理論在西斯蒙第那裏都已有所表述。他們好像也隱約感覺到了勞動者的悲慘境地，但卻似乎無計可施。因為在他們看來，勞動價值論已經表明，價值由勞動來決定，勞動者的勞動價值包含在這個商品的成本裏了，換句大家都聽得懂的話，也就是，勞動者的工資已經成為了商品價格的一部分了，不是嗎？用人成本的問題，現在正在成為今天知識經濟普遍化時代最重要的一筆支出了吧。但按照勞動價值論來看，我

勞動，資本家付給我工資，很公平呀，商品的整個價格就是我的勞動價值加上商品原材料的耗費。這樣一來，東西賣出去以後，應該正好抵消了這些預先支付的成本了，如果是這樣的話，財富怎麼可能會有積累呢？或者說，資本家怎麼會越來越有錢，而勞動者，卻在勞動中越來越貧困？

國民經濟學家在勞動價值論的範疇內，對此百思不得其解。大家一定理解不了吧！現在隨便一個中國的高中生都會告訴李嘉圖，你難道不知道勞動者變成商品以後，會產生剩餘價值嗎？李嘉圖還真的未必能懂。因為剩餘價值，是馬克思的獨特「發現」。這個發現很偉大，足以使馬克思在經濟學領域也爭得一席之地。

但大家有沒有想過，為什麼馬克思能夠發現這個剩餘價值，其他的國民經濟學家卻發現不了呢？小馬克思整整一百歲的法國思想家阿爾都塞曾經對此有所解釋，在他看來，每個思想家的研究視角或者總問題（Problematic）不同，他們在理論研究中所看到的東西也

就完全不一樣。這就如同馬克思在《1844年經濟學哲學手稿》中曾經用過的一個比喻：

> 憂心忡忡的、貧窮的人對最美麗的景色都沒有什麼感覺；經營礦物的商人只看到礦物的商業價值，而看不到礦物的美和獨特性；他沒有礦物學的感覺。❶

馬克思與國民經濟學家們就如同面對同一片風景，卻又擁有不同職業的人。對於一個每天只是在思考着抽象的財富如何增長的國民經濟學家來說，他們當然只是看到了財富的抽象屬性以及它被積累起來的狀態，因為他們的任務就是要不斷解釋財富如何能夠不斷地增長；而馬克思則不一樣，他更關注的是普羅大眾的現實生活在這種財富積累當中是否受到了損害。不同的視角，當然看到的東西也就不同了，國民經濟學將他們所發現的

---

❶ 《馬克思恩格斯全集》第3卷，人民出版社2002年版，第305—306頁。

勞動價值論奉為最高的經濟原則，並同時把經濟規律視為社會發展的普遍規律，斯密甚至提出了「經濟人」的假定。也就是說，人其實任何時候都是一個精打細算的小市民，亙古不變，人的豐富情感在今天變得一點都不重要了，重要的只在於你會不會合理地計算你的收益。什麼私有制、貪慾、資本、地租都沒關係，只要能帶來財富增加，就都是可以接受的。

不知大家是否發現了，這個時候的國民經濟學家們從裏到外的確已經變成了那個賣壞雞蛋的市井老婦啦，那個老婦人將女傭所有豐富的人生經歷都用來填充這個女傭有關壞雞蛋的評價，這就正如國民經濟學家，將整個經濟生活的豐富性，以及經濟生活原本擁有的歷史性都統統放入有關財富如何增長的基本原則之下 —— 所有一切都需要以這個原則為標杆而被討論。這是一種真正的抽象。

馬克思這樣指出這種抽象：

　　國民經濟學從私有財產的事實出發。它沒有給我們說明這個事實。它把私有財產在現實中所經歷的物質過程，放進一般的、抽象的公式，然後把這些公式當作規律。它不理解這些規律，就是說，它沒有指明這些規律是怎樣從私有財產的本質中產生出來的。❶

　　馬克思告誡我們：

　　不要像國民經濟學家那樣，當他想說明什麼的時候，總是置身於一種虛構的原始狀態。這樣的原始狀態什麼問題也說明不了。國民經濟學家只是使問題墮入五裏霧中。❷

----

❶《馬克思恩格斯全集》第 3 卷，人民出版社 2002 年版，第 266 頁。

❷《馬克思恩格斯全集》第 3 卷，人民出版社 2002 年版，第 267 頁。

　　馬克思則與所有這些抽象的國民經濟學家們不同，他是戴着 3D 眼鏡的理論家，因此他能夠看到抽象的理論家看不到的一切：

　　我們且從當前的經濟事實出發。

　　工人生產的財富越多，他的產品的力量和數量越大，他就越貧窮。工人創造的商品越多，他就越變成廉價的商品。物的世界的增值同人的世界的貶值成正比。●

　　為什麼會出現這麼奇怪的現象？馬克思對此的確有很多很多話要說……

● 《馬克思恩格斯全集》第 3 卷，人民出版社 2002 年版，第 267 頁。

勞動，
為什麼不能致富？

——《1844 年經濟學哲學手稿》（三）

第十五章

　　1844 年前後的歐洲，工業以迅猛的方式拓展着自身。它野蠻地為剛剛從封建領主中「解放」出來的人重新套上了新的枷鎖。英國作家狄更斯的《霧都孤兒》完成於 1838 年。相信每個人面對奧利弗的悲慘遭遇都不忍卒讀。而 1842 年紡織工廠主的兒子恩格斯也不顧父親的阻撓，不斷深入英國的貧民窟中去體驗新興工人階級的生存狀態，最終完成了一部《英國工人階級狀況》的論文，讓青年馬克思印象深刻。理性的分析和描述無法遮掩資本家對於無產階級的殘酷剝削。與這些同期的各色作品相比，馬克思的《1844 年經濟學哲學手稿》具有最高的理論抽象力，儘管馬克思對於殘忍剝削的描述並不那麼赤裸裸，但對於這一剝削形成的原因與可能克服的路徑，卻給出了最為謹慎、實際的說明。的確，對於現實的批判，直接地揭露與充滿感情地謾罵都不能真正解決問題。哲學家用以切入世界的方式與文學家與革命家不一樣，他通過創造一個新的概念來創造一個新的世界。

在此，馬克思從黑格爾哲學中拿來了一個「異化」的概念，從國民經濟學家那裏拿來了一個「勞動」的概念，將這兩個概念放在一起組成了一種叫作「異化勞動」的生存樣態，馬克思正是圍繞這樣一個概念書寫了一段哲學版本的《霧都孤兒》。

為什麼選擇「勞動」這個概念？在上一講中我實際上已經有所涉及了。馬克思極為認可國民經濟學家們對於勞動價值論的構造。勞動作為財富的抽象本質，同時成為了工業社會發展普遍交換的等價物，今天的商品交換，實際上是不同勞動以貨幣為中介所展開的一種勞動的交換。

當馬克思以現實的經濟事實為出發點來觀看世界的時候，他直接承襲了國民經濟學家們的這一偉大發現。並且對於青年馬克思而言，勞動不僅是工業社會中人的普遍生存狀態，而且是作為一個人，而不是一個動物的我們所本應有的生活方式。馬克思在這個時期將勞動視為人的一種類本質。

那麼接着的問題又來了？什麼叫作類本質呢？就是每一個人作為一個物種類型都應該具有的普遍特質，這裏的勞動不是一種本能意義上的生產，如同蜜蜂與螞蟻建築蜂巢和蟻穴一樣。馬克思這樣告訴我們：

動物只生產它自己或它的幼仔所直接需要的東西；動物的生產是片面的，而人的生產是全面的；動物只是在直接的肉體需要的支配下生產，而人甚至不受肉體需要的影響也進行生產，並且只有不受這種需要的影響才進行真正的生產。[1]

在這裏，你會不會詫異地問：馬克思在這裏不是談的生產嗎？生產和勞動是一回事嗎？這還是一個複雜的學術問題。要考察起來，恐怕又要引出幾篇博士論文了。我在此只好再一次粗暴地長話短說了：在我看來，

---

[1] 《馬克思恩格斯全集》第 3 卷，人民出版社 2002 年版，第 273 頁。

這個時候的馬克思還沒有將勞動與生產做明確的區分，但晚年的馬克思的確比較少用「勞動」，而更多地使用「生產」。以我的感覺，勞動，總好像與單個人的主觀意志有關，比如我寫一篇文章是一種勞動，我從頭到尾做一雙鞋也是一種勞動，所以其中的確包含着要將我的主觀意志外化的一個過程。但如果談到生產一雙鞋的話，我的頭腦中所顯現的則是在一個大廠房裏，我坐在一個流水線上，每天只是負責完成製鞋的一部分，所以一雙鞋最後做出來也不是我的能力的顯現，而是機器與工人團隊共同的作用。這就是我所理解的勞動和生產。後來的馬克思發現整個社會已經被資本和工業化牢牢圍困，他所理想化的人的勞動的類本質其實已經不太可能存在了，所以他不再用勞動來談問題，就是情理之中的事情了。

但青年馬克思還挺喜歡勞動這個概念的。勞動是好事，是一個人的能力的顯現。比如你說你能畫畫，你總要畫出一幅畫來證明一下，如果畫出來了，這幅畫就是

你能力的證明，它肯定了你能畫畫這件事情，因此你畫畫的這個「勞動」就成為了確證你能力的一種活動。因為它能證明你，所以你一定會很開心去畫，儘管在畫的過程中，你可能會有痛苦的時候，有畫不下去的時候，有畫得累的時候，但不管怎樣，你都會堅持畫下去，因為畫畫這個勞動，每一次都在證明你的一種繪畫天賦和能力。

但如果有一天，你被編入到一個繪畫的作坊裏，你每一天的衣食住行都要依靠你畫畫這門手藝來換取，當然，這還不是最可怕的，最可怕的是，你事先已經被給了一張草稿，告訴你要畫什麼，你每一天就只負責在不同畫布的近乎相同的位置上塗上一種顏色 —— 你只是這整幅畫作中的一個小環節。最後這幅畫的署名不是你，整個作品再完美也與你單個人毫無關係。這個時候，作為畫家的你還願意每一天都畫畫嗎？畫畫會不會成為你的噩夢？你會不會如同逃避瘟疫一樣逃避它呢？

馬克思會毫不猶豫地說：會的，當然會的。

因為「他在自己的勞動中不是肯定自己，而是否定自己，不是感到幸福，而是感到不幸，不是自由地發揮自己的體力和智力，而是使自己的肉體受折磨、精神遭摧殘。因此，工人只有在勞動之外才感到自在，而在勞動中則感到不自在，他在不勞動時覺得舒暢，而在勞動時就覺得不舒暢。因此，他的勞動不是自願的勞動，而是被迫的強制勞動。因此，這種勞動不是滿足一種需要，而只是滿足勞動以外的那些需要的一種手段。勞動的異己性完全表現在：只要肉體的強制或其他強制一停止，人們會像逃避瘟疫那樣逃避勞動」❶。

不知你有沒有感覺到，馬克思在《1844 年經濟學哲學手稿》中有點像《大話西遊》裏的唐三藏，絮絮叨叨的，如果這一段還不明顯，大家可以在隨後的兩講中繼續跟我一起來體會一下。這與他此前那些論戰性、宣言性文章的文風形成鮮明的對比。為什麼會這樣，我是

❶《馬克思恩格斯全集》第 3 卷，人民出版社 2002 年版，第 270—271 頁。

這樣猜測的：這是一部手稿，所以馬克思可能在寫作之前也並沒有想着精心做文字表述的安排，只是順着自己的思路一點點展開，摸索着前行，在他前行的道路上，他突然發現沒有誰能作為思想資源了，他已經觸及了此前的哲學家們都沒有談到過的東西，並且他的探討可能會將他們全部打翻在地，費爾巴哈、黑格爾，還有那些青年黑格爾派們，都可能跟不上他的腳步了，所以，他必須謹慎小心地推進，反復確證自己要說的東西。那麼這個新發現可能是什麼呢？

我想異化勞動應該算是一個最為表層的發現。

剛才這一段描述就是對異化勞動的規定之一所做的一段說明。在我們的馬克思主義哲學史教科書中，異化勞動一般有四個規定：第一，工人與勞動產品相異化；第二，工人與勞動過程相異化；第三，工人與類本質相異化；第四，最終工人與資本家形成了對立性關係，導致了人與人的異化。

在這裏，我所給大家引用的文字屬於為闡發第二個規定，即工人與勞動過程相異化而提出的。但在我看來，這個規定卻可能是四個異化規定中最基礎的部分。換句話說，如果沒有勞動過程的異化根本不可能存在產品、類本質和人與人的異化。所以相對於其他異化形態，我覺得有必要向大家重點交代的是這一層的異化。

跟着馬克思的思路，我覺得自己也變得絮絮叨叨了。談了這麼多的異化，卻還沒有交代什麼是「異化」，異化加上勞動，究竟發生了什麼質的變化？

異化這個概念的提出，是馬克思的一個重要理論貢獻。這個概念的英文表達為 Alienation，哲學上被稱為「異化」，在日常生活中更多地意味着一種「疏離感」。那麼，馬克思用這個概念來修飾勞動究竟意味着什麼呢？

要回答這個問題，我又需要回到馬克思的老師，黑格爾那裏去了，大家知道嗎，生活在同一時期的大思想

家總會有相通之處，黑格爾雖然沒有像馬克思一樣，直接做了那麼多的政治經濟學批判，但在青年時代也讀了不少英國政治經濟學家的著作，所以把「勞動」這個概念，第一次引入哲學語境中的，並不是馬克思，而是黑格爾。

黑格爾在《精神現象學》中曾經將勞動視為奴隸顛覆主人的利器，因為勞動作為一種「陶冶事物」的活動，成為人證明自身、形成自我意識的關鍵活動。所以馬克思將勞動看作是人的類本質的規定，這看似追隨費爾巴哈，其實也有黑格爾的影子。在黑格爾的理論體系中，異化、外化、對象化，這幾個概念意思都差不多。它們都意味着勞動過程中，一個人將自己的主觀意志作用於外部世界，創造出一個對象世界，而這個世界反過來證明了人的價值。正如我剛剛給大家所舉的那個畫家的例子，如果他的作品就是他想表達的一切，那麼那幅畫就是他勞動的對象化、外化與異化的結果。但注意哦，在黑格爾這裏，這個對象化、外化與異化的結果是

證明了勞動者的勞動，所以是肯定性的。

馬克思沒有黑格爾那麼理想化，他發現被異化出來的東西不一定，或者總是不能證明勞動者，反而成為否定勞動者，甚至控制勞動者的東西。他將這種被自己的創造物所操控的狀態叫作「異化」，而被自己的創造物所操縱了的勞動，就叫作異化勞動。

在異化勞動中，我們不僅體會不到快樂，而且還不能獲得財富的積累。國民經濟學家們所推崇的勞動價值論在異化勞動中完全失效。工人越勞動越貧困，與之對應的，資本家卻可以坐等着錢生錢、利滾利。勞動，卻不能致富，這對於國民經濟學家整套理論的推理來說是完全不能理解的結果，但對於馬克思來說恰是他的新哲學的起點。

為什麼會有異化勞動這麼奇怪的勞動方式？此時的馬克思如同 19 世紀中期很多擁有着批判意識的思想家一樣，發現了私有財產的罪惡性。只是在這個時候，

馬克思對於私有財產與異化勞動之間的關係究竟誰是原因誰是結果，還似乎並沒有那麼有把握。或者我們換個角度說，馬克思並不是那麼在意兩者之間究竟誰為先的問題。因為在馬克思看來，兩者本來就是相互作用的關係，在現實生活的運行當中，兩者相輔相成，共同構築了一個被資本邏輯所束縛的社會。

私有財產讓勞動成為了與個人的主觀意志無關的活動，因為我們將自己的勞動賣給了另一個人。想象一下，這個交易真的很可怕，因為勞動作為人的生命活動如何可以與一個肉體的人分割開來？這就是如同歌德所描述的浮士德，將靈魂賣給魔鬼，那麼留給我們的那個身體還是原來的那個「我們」嗎？

私有制會將我們或遲或早地規訓為守財奴、資本家和功利主義者。而所有這一切在現代社會中又似乎如同一種歷史之大潮，浩浩蕩蕩、不可逆轉。在其中，異化勞動成為了我們生命活動全部的可能性。如何走出這一日益普遍化的社會現實，青年馬克思在此似乎已經有了

一些富有原則高度的想法，這些想法已經透露出此後將在《共產黨宣言》中被更為詳盡闡發的觀點和方法：

> 從異化勞動對私有財產的關係可以進一步得出這樣的結論：社會從私有財產等等解放出來、從奴役制解放出來，是通過工人解放這種政治形式來表現的，這並不是因為這裏涉及的僅僅是工人的解放，而是因為工人的解放還包含普遍的人的解放；其所以如此，是因為整個的人類奴役制就包含在工人對生產的關係中，而一切奴役關係只不過是這種關係的變形和後果罷了。❶

❶ 《馬克思恩格斯全集》第 3 卷，人民出版社 2002 年版，第 278 頁。

孤獨的人是可恥的

——《1844 年經濟學哲學手稿》(四)

第十六章

　　閱讀馬克思的《1844 年經濟學哲學手稿》的過程就如同坐上一輛不知開往何處的火車，一路的風景總是不停地變換，而最終的目的地卻似乎總在遠方。

　　當你還沉浸在馬克思對於多位國民經濟學家有關工資、地租和資本的摘錄當中不知所措的時候，馬克思那段源於現實又高於現實的「異化勞動」理論已撲面而來。當你還沒來得及消化掉這個雜糅着經濟學與哲學雙重內涵的概念到底意味着什麼的時候，馬克思又突然開始討論現實的人應該擁有的豐富生命，而且討論的方式十分酷炫。他熟練地將當時各色德國思想前輩的不同概念調和在了一起，讓他們原本並不那麼相關的思想產生了一種化學反應 —— 經過馬克思這個調酒大師之手，一杯多彩絢爛，卻又香甜的哲學雞尾酒擺在了我們面前。

　　我總是反復地告訴大家，馬克思是關注現實的思想家，不知大家的耳朵是否已經長出繭子來了。但你們有沒有就此產生疑問呢？馬克思所關注的現實究竟是什麼

呢？如果不是黑格爾式的思辨的理念，它究竟又該如何被理念來表達呢？不得不說，馬克思的確在不同時期對於不同現實發生了理論興趣，就《1844 年經濟學哲學手稿》而言，我會說馬克思在此所關注的是現實的個人的感性的生命活動。

馬克思的唯物主義思想導師費爾巴哈已經開始了類似的工作，正是他急速提升了「感性」在哲學界的地位。人是感性的存在物，這個界定對於馬克思來說很重要。但其重要性也是有一定限度的。在此，我們要避免另一個重要的誤解，以為當費爾巴哈用感性來界定人的存在的時候就已經找到了一種呈現現實的個人的有效方式了，恰恰相反，說人是感性的，在本質上與說人是理性的一樣，都是很抽象的。因為「感性」在這裏很容易也變成一個概念、觀念，或者不過是理性的較低形態。

因此要真正地談論「現實的個人」，首先要做的就是找到一種方式，讓這個個人脫離任何概念的約束，呈現出一個真實的人的活生生的生存樣態。大家是不是感

覺我在這裏繞來繞去的呀，的確如此，我也覺得很繞，為什麼呢？因為要用一種概念來言說一種脫離了概念的現實的人的存在狀態，本身就是一個很彆扭的事情。但我希望大家也能從我的這個「彆扭」當中體會一下當年馬克思想要用一種理論的方式來談論他心中那個活生生的現實的個人的生存該有多難。

所以難怪這個時候的馬克思陷入了一種理論的癲狂狀態。因為他正在做一件當時哲學家都沒有做過，或者從未做成的事情。但馬克思不像後來的哲學家，例如尼采、海德格，當他們想做點出格的事的時候，他們就徹底打碎原來哲學家給他們設定的框架，所有舊的哲學概念通通扔掉，人為地創造出一些新的概念來表達自己的新想法。馬克思在這方面顯得相對保守。他還是努力地在用他的思想導師們教給他的概念，卻用它們說着與這些概念毫不相關的一些事情。這個事情的難度就可想而知，由此給我們帶來的解讀的難度也就可想而知了。

　　說了這麼多，大家是不是有點好奇，馬克思究竟用了什麼方法去既談論了現實的個人的生活方式，又沒有用一個簡單的感性或者理性概念來對這種生活方式加以概括呢？

　　在此，我不得不引入一個《1844 年經濟學哲學手稿》中重要的哲學「概念」—— 的確，它還是一個概念，但這個概念真的比較特殊，它的名字叫做「對象性」（Gegenständliche）。懂德語的同學仔細看看這個概念的德語書寫，一定會很有畫面感，因為在這個德語詞的構成當中，如果將它所包含的幾個部分分割來看，意思大約就是兩個事物面對面站着的某種狀態（Gegen- 對着的，Stand- 包含着站立、狀態等多種內涵）。所以這個概念雖然看起來是一個形容詞，但其實是一個包含着動詞性的形容詞。

　　馬克思是一個很喜歡將哲學概念動詞化的哲學家，比如我們前幾講中就曾講過馬克思將德國古典哲學中的核心觀念「自由」轉變為富有動詞性的「解放」。同樣

的，對象，在德國古典哲學當中，也是一個很重要的概念，不僅在康德所建構的知識學中，主體的認知需要對象，在黑格爾的思辨形而上學體系當中，對象以及對象化過程都是很重要的中介。我承認，說到黑格爾的「對象化」與馬克思的這個「對象性」的確有相似之處，對象化也是一個動態的過程。但要提請大家注意的是，黑格爾的對象化過程僅僅是他完成體系的一個中介，黑格爾體系的腳步從來不會停留在對象化這個環節上，它會馬上借着這個梯子爬到另一個思辨觀念裏去。但馬克思可不是，他就是要讓思想停留在這個比肩而立的狀態之中。因為在馬克思看來，這是他用理論去談論現實唯一可能的方式。

不得不說，費爾巴哈其實也用了類似於這種對象性的思維方式來談論感性，但因為他癡迷於一種所謂美文學的表達方式，讀起來總是有點怪怪的，不如馬克思的這個對象性觀念寫得清楚。

我一直有這樣一個偏見，凡是表達不清楚的，其

實就是哲學家自己沒有想清楚。有的時候我們的確應該有點膽量去指出，在已經成為經典的哲學文獻中，有些沒有讀懂的部分，或許就是哲學家自己沒有想清楚的地方。基於這一偏見，我認為馬克思對於對象性的思考，相對於費爾巴哈來說，是清楚多了。但就是這個相對清楚的表達，仍然給人一種矇矇矓矓的感覺，正如我上一次已經給大家講過的那樣，這種感覺說明馬克思所要討論的論題的困難，以及他還沒有找到太合適的表述方式。

在馬克思的時代，最為直接的社會現實就是在私有制統治下的人被異化了的生存狀態。對於馬克思而言：

私有財產不過是下述情況的感性表現：人變成對自己來說是對象性的，同時，確切地說，變成異己的和非人的對象……同樣，對私有財產的積極的揚棄，就是說，為了人並且通過人對人的本質和人的生命、對象性的人和人的作品的感性的佔有，不應當僅僅被理解

為直接的、片面的享受，不應當僅僅被理解為佔有、擁有。人以一種全面的方式，就是說，作為一個總體的人，佔有自己的全面的本質。人對世界的任何一種人的關係 —— 視覺、聽覺、嗅覺、味覺、觸覺、思維、直觀、情感、願望、活動、愛，—— 總之，他的個體的一切器官，正像在形式上直接是社會的器官的那些器官一樣，是通過自己的對象性關係，即通過自己同對象的關係而對對象的佔有，對人的現實的佔有；這些器官同對象的關係，是人的現實的實現（因此，正像人的本質規定和活動是多種多樣的一樣，人的現實也是多種多樣的），是人的能動和人的受動，因為按人的方式來理解的受動，是人的一種自我享受。❶

從這段複雜如同繞口令一般的表述當中，我們看到了一種新的思想正在艱難地掙脫它舊的外衣，向人們展

---

❶ 《馬克思恩格斯全集》第 3 卷，人民出版社 2002 年版，第 302—303 頁。

現它那可能具有的深邃與輝煌。

　　對象性，在這裏，一方面是私有制造成的結果。因為私有制的作用，資本和勞動分離開，生產鞋子的工匠反而不是鞋子的主人，鞋子與人成為了對象性的關係。但另一方面，馬克思實際上又告訴大家，雖然我們與自己的創造物成為了對象的關係，這件事不是太好，但卻也是自古以來人的生存方式中最為真實的一個面向。試想，即便在沒有普遍的商品交換之前，獵人打獵總有獵物，漁人捕魚總有魚，人的每個活動都會有活動的對象，即便在獨角戲的舞台上，人所演繹的也是一段和他人在一起才有的生活經歷。所以青年馬克思早已發現在現代社會當中，沒有哪個人哪個物是孑然一身的。人與物之間，人與人之間都是相互依存的關係。馬克思的「對象性」說的就是這樣一種狀態。所以對象性呢，一方面是私有財產的產物，一方面又是人在無論有沒有私有財產的情況下真實生活的狀態，為此，馬克思又寫了一段繞口令一般的文字：

在被積極揚棄的私有財產的前提下，人如何生產人——他自己和別人；直接體現他的個性的對象如何是他自己為別人的存在，同時是這個別人的存在，而且也是這個別人為他的存在。❶

怎麼樣，看懂這段話的意思了嗎？是不是很饒舌呀。能一口氣讀下來的人，為你喝彩呀。馬克思在這篇手稿中這樣的文字比比皆是，而且每一次都是在要談論對象性的話題的時候，開啟了這種饒舌模式。這就是「對象性」這個概念的魅力所在，因為這個概念，擔當着抽象的概念無法擔當的作用：表達活生生的現實。對於馬克思而言，沒有「對象」的人或者物，都是不存在的。如果你理解了這一點，不僅可以理解剛才的這些饒舌的文字，而且面對馬克思在同一手稿中寫下的「非對

---

❶ 《馬克思恩格斯全集》第 3 卷，人民出版社 2002 年版，第298頁。

象性的存在物是非存在物（Unwesen）」❶ 這句話，也不會感到詫異。不知為什麼，每一次讀到這裏的時候，耳邊總會想起歌手張楚的一首歌，名字叫作：「孤獨的人是可恥的」。

回到剛才那段引文的後半段來看，對象性雖然是一個現實的人的存在樣態，但私有制顯然破壞了這種對象性關係的全面性，私有制讓對象與人比肩而立，並在發生關聯的時候只剩下極為片面私人的「佔有」。換句話說，當我看到一朵美麗的花朵，我卻只是想把它移植到我自家的花園裏，才會讓我感到真正的愉悅。當它極致化的發展最終產生無數個葛朗台，只有用來交換物品的金錢本身成為了他眼中最美的一切。片面佔有，扼殺了人的感覺的豐富性，而在現實中，當我們去佔有一個對象的時候，本來就有着多種多樣的方式，為了說明我們

❶ 《馬克思恩格斯全集》第 3 卷，人民出版社 2002 年版，第 325 頁。

原本具有的豐富性感受力，馬克思不遺餘力地為我們列出了所有可能性：視覺、聽覺、嗅覺、味覺、觸覺、思維、直觀、情感、願望、活動、愛……

馬克思的這個對象性概念是他用來切近現實的有效利器，借着它，馬克思不僅可以討論現實，而且還可以批判現實。在這個現實中，我們都是成對出現的。我和另外一個人，我和我的書、我的筆、我的電腦，一起「對象性」地共存着。而馬克思的批判告訴我們，私有制的社會讓我們太過看重「擁有」，而忘記在與這些對象的共存中的那種單純的快樂。他希望有一天，那個真正「無私」的世界可以降臨，在那個世界裏，人與人、人與物的對象性關係是無功利地彼此欣賞、彼此和平地共在，他將那個世界，叫作「共產主義」。

共產主義，
究竟長什麼樣？

——《1844 年經濟學哲學手稿》（五）

第十七章

共產主義，對於每一個中國人來說，時至今日，都應算是一個最熟悉的陌生詞兒。記得在我第一次戴上紅領巾的那一天，曾經認真地問過我的媽媽：共產主義，究竟長什麼樣兒？記得當時媽媽不假思索地告訴了我：到了那個時候呀，我們就可以實現樓上樓下，電燈電話，對了哦，每天都可以吃到土豆燒牛肉。

說這話的時候，中國社會剛剛進入 20 世紀 80 年代。

時至今日，當我們已經每天遊走在摩天大廈之間，沉浸在網絡的虛擬世界之中，並開始追求清淡的飲食，我們會如何為我們的下一代去描述「共產主義」呢？我想，今天的每個人都會有不同的版本。

嚴格說來，共產主義不是馬克思的首創，它是 19 世紀的那一代思想家所嚮往的理想社會的總稱。而在更早的時期裏，小說家們已經開始以文學的方式展開了他們的思想實驗，例如英國人湯瑪斯·摩爾的《烏

托邦》以及法國人路易—塞巴斯蒂安·梅西耶的《今年 2440》。而如聖西門、傅立葉等人的思想則在 19 世紀中葉開始被各色人等普遍接受和理解。從 1831 年到 1832 年間，聖西門主義的報紙《地球報》收到了兩千多封讀者來信，其中對於聖西門思想中諸如廢除私有財產、解放婦女、創建新的進步宗教等等觀念都進行了各種爭論。這些在後來的思想史中被稱為空想社會主義者的一群人其實是啟蒙思想的一個分支，但他們對於當時的既有社會都採取了較為徹底的「大拒絕」的態度。他們都富有一定的思想的實踐性和實驗性，做了很多實實在在的有關未來社會的設計，甚至出現了如同歐文一般的實幹家，將某些理念真的付諸實施，他在愛丁堡西南 56 公裏處買下了新拉納克村，並在村子裏實施了一系列新的社會制度，成功地讓這個小鎮獲得生機和活力。這是空想社會主義的一次小試牛刀。歐文因此還為世界創造了諸如幼兒園、免費義務教育等基本的觀念，這些曾經的「實驗」在今天都已經得到了成功的推廣。

在這個空想社會主義者的行列中，我們看不到德國人的身影。德國人的確不善於這種雙腳離開大地的玄想，他們的思想是深邃而扎實的。因此當空想社會主義者們已經開始發揮着想象力去思考未來社會的時候，德國人則剛剛擺脫對知識學的研究，開始從人與人的相互關係當中論述「社會」的形成。黑格爾的主奴辯證法，在某種意義上正是德國人從知識學向社會本體論的過渡環節。在其中，兩個相互鬥爭着的人構成了一個社會起源的隱喻。

青年馬克思，一個用筆戰鬥的社會批判者，與當時流行的諸多社會主義者有着天然的關聯。在《1844年經濟學哲學手稿》中，馬克思多次提到過「社會主義」這個詞，但大家一定要注意，這裏的社會主義，按照我個人的理解，既不是我們現在作為社會形態而討論的「社會主義」，也不是法國空想社會主義者們口中的「社會主義」，它是馬克思基於異化邏輯而推出的一個克服異化之後可能的存在狀態。這又是一個被馬克思裝了新

酒的舊瓶子，大家在閱讀到這一點的時候，一定要有所警惕。

青年馬克思在這個時候帶有着某種高盧 — 日耳曼精神的融合氣質。換句話說，他是一個傾向於法國思想的德國人。對於未來社會的嚮往成就了他對於當下工業社會的批判，所有批判的結果是要引導大家走向一個更好的社會。當然謹慎的德國人馬克思與那些空想社會主義者們還是存在着巨大的區別。這表現在兩個方面：

第一，馬克思從不對於既有的、異化社會持有徹底的否定的態度。對於馬克思而言，「自我異化的揚棄同自我異化走的是一條道路」。[1] 這句話是什麼意思，也就是說，要達到理想社會，我們就不得不忍受現代工業社會給予我們的這種種束縛與痛苦。現在的苦難成為了通往共產主義的必經之路。

---

[1] 《馬克思恩格斯全集》第 3 卷，人民出版社 2002 年版，第 294 頁。

　　第二，馬克思終其一生對於共產主義究竟長什麼樣子，並沒有給出具體的設想。不僅如此，馬克思也絲毫沒有試圖在一塊飛地之上直接建立什麼理想王國的嘗試。就這一點而言，他的實踐性較之那些歐文主義者有差距。

　　但正是以上兩點使得馬克思的共產主義真正富有了現實性，他被稱為科學社會主義理論的創始人。說到「科學」，我又要忍不住拐個彎說上兩句，在日常生活當中，我們總是覺得科學是個好詞，用來形成那些正確的、更富有真理性的事物，但需要指出的是，對於德國人來說，特別是在馬克思所繼承的德國古典哲學中，被我們翻譯成為「科學」（Wissenschaft）的那個德語詞實際上所表明的是對於抽象概念的一種了解，他與我們日常生活中所想到的與客觀知識有關的科學並不太一樣。例如，當黑格爾談論科學的時候，他所指的的確是同時包含着真理的哲學體系，而不是簡單的自然科學知識的集合，因此當我們理解馬克思的時候，當我們興沖沖地將

他視為一種科學社會主義的時候，我們是否也可以將他有關未來社會的說法不再看作一種知識，而是看作一種哲學。在這種哲學裏，最為重要的，是更為全面而深刻的理解。

我就是抱着這樣一種心情來談論《1844年經濟學哲學手稿》中的共產主義的。因此馬克思在這一時期所談論的共產主義，對我而言，與其說是一個可實現的社會形態，不如說是一個哲學體系的完成樣態。因為在這裏，馬克思談論共產主義的方式還帶有着黑格爾哲學的色彩，此前所有的社會主義者，包括那些空想社會主義者們，都成為了馬克思的共產主義思想運演的各個發展環節。

首先，不得不說，正是馬克思將共產主義與財產權的關係問題明確地關聯了起來。大家要知道，共產主義（Communism）這個詞，對於此前的政治理論家來說或許僅僅意味着一種「共同體」。在這個共同體當中，政治、經濟、文化、觀念等多種要素聚合在一起，構成了

一個共同的生活空間與思想空間。但似乎只有到了馬克思這個時代，所有權的問題才成為了決定這個共同體形式的關鍵環節。

馬克思實際上用了「無產與有產的對立」來說明貫穿各個不同時期共產主義觀念的基本主線：

無產和有產的對立，只要還沒有把它理解為勞動和資本的對立，它還是一種無關緊要的對立，一種沒有從它的能動關係上、它的內在關係上來理解的對立，還沒有作為矛盾來理解的對立。這種對立即使沒有私有財產的前進運動也能以最初的形式表現出來，如在古羅馬、土耳其等。❶

也就是說呢，在歷史上的任何時期，都有有錢人和沒錢的人。但在前現代社會中，這兩類人的對立是外

❶ 《馬克思恩格斯全集》第 3 卷，人民出版社 2002 年版，第 294 頁。

在的，也就是相互之間沒有關聯的。你有錢，因為你天生是貴族，擁有廣袤的土地，我沒錢，因為我是貧民，或者我和你一生老死不相往來，或者我與你有人身依附關係。但不管怎樣，你的財富並不是靠着直接壓榨我而得來的。而到了近來，有錢的人，變成有資本的人。資本，這個怪物是很可怕的，它不是貨幣，它是能帶來貨幣的貨幣，所以它是來到人間的吸血鬼。它每一次遊歷，都需要帶着俘獲物回來，它需要吮吸活人的勞動以獲得這種多餘的能量。資本的罪惡讓勞動者與購買勞動者的資本家之間變成了「內在對立」的關係，這是真正的矛盾的產生，因為只有內在的矛盾才是一種「不是你死就是我亡」的關係，而外在的關係，貴族與貧民，他們之間的對立如同白天和黑夜一般，只有交替，沒有真正的對抗。

　　我說了這些，只是要說明一件事情，共產主義，並不是一個必然與經濟財產權有關的概念，但由於到了近代以後，人的苦難的根源變成了私有財產的產生，也就

是勞動與資本的分離，正是因為這個原因，當人們開始
討論一種有關未來社會的理想樣態的時候，財產問題，
以及與財產有關的勞動方式、勞動形態才成為了核心的
話題。

馬克思其實已經開始了他的唯物史觀的分析方法：
將所有一切觀念都放在歷史性的發展序列當中來思考。
於是，傅立葉與聖西門都成為了他的共產主義形成的必
經環節。由於我剛才所說的種種原因，勞動成為了衡
量財富的基本要素，於是馬克思將勞動作為說明一切的
中介：

最初，對私有財產只是從它的客體方面來考
察，——但是勞動仍然被看成它的本質。因此，它的存
在形式就是「本身」應被消滅的資本（蒲魯東）。或者，
勞動的特殊方式，即劃一的、分散的因而是不自由的勞
動，被理解為私有財產的有害性的和它同人相異化的存
在的根源——傅立葉，他和重農學派一樣，也把農業

勞動看成至少是最好的勞動，而聖西門則相反，他把工業勞動本身說成本質，因此他渴望工業家獨佔統治，渴望改善工人狀況。最後，共產主義是揚棄了的私有財產的積極表現；起先它是作為普遍的私有財產出現的。共產主義是從私有財產的普遍性來看私有財產關係……❶

私有財產是勞動的主體本質，資本是客觀化的勞動❷，因此對勞動的不同看法，也就自然隱含着對私有財產和資本之關係的不同立場。空想社會主義者們，以及當時法國思想界的名人蒲魯東，他們的錯誤，在馬克思的表述當中，其實不過是對於勞動做了一種片面化的解讀。《1844 年經濟學哲學手稿》時期的馬克思，在古典政治經濟學思想的培育下，已經認識到了價值所具有

❶ 《馬克思恩格斯全集》第 3 卷，人民出版社 2002 年版，第 294—295 頁。

❷ 參見《馬克思恩格斯全集》第 3 卷，人民出版社 2002 年版，第 294 頁。

的普遍的勞動屬性，於是他所針對的是導致異化勞動產生的普遍化了的私有財產本身。這正是馬克思在這個時候常常呼喊的所謂「理論的徹底性」。至少在共產主義的理論分析當中，馬克思做到了。

共產主義，在馬克思的時代不僅是一個理論問題，它包含着某些實質性的現實指向。但這個時候的馬克思卻似乎對於包含着很多具體設想的共產主義充滿諷刺。比如在此，馬克思着力批判了兩種共產主義的形態，我們或者可以將它們分別稱為：經濟性的共產主義與政治性的共產主義。

如果你僅僅發現無產與有產的對立，並且認為共產主義就是將所有人都變成為有產者，那麼這不過是將私有財產的邏輯推至普遍化的一種狀態，也就是說，這種共產主義的實現意味着此前被個人擁有的東西，統統拿出來，變成大家共有。馬克思這樣評價這種共產主義：這個「用普遍的私有財產來反對私有財產這個運動是以一種動物的形式表現出來的：用公妻制 —— 也就是把

婦女變為公有的和共有的財產 —— 來反對婚姻（它確實是一種排他性的私有財產的形式）。人們可以說，公妻制這種思想是這個仍然十分粗陋的和無思想的共產主義的昭然若揭的祕密。」❶ 這就是馬克思對於所謂「經濟性的共產主義」的批判。

如果你認為共產主義還具有政治性質，它是某種對國家的廢除但還未完成的狀態，於是還處於私有財產即人的異化的影響之下。那麼此時，它還不是成熟的共產主義。共產主義只要還具有某種政治屬性，就說明它還受着私有財產的束縛，是對人的本性的背離。

從馬克思對以上兩種共產主義的批判之中，我們可以看到，當時粗陋的共產主義的主要表現形態是經濟性的共產主義，政治性的共產主義只是前者的衍生物而已。同時，更為重要的是，對於當時的人們來說，他們的想象力是貧乏的，他們還無法想象脫離了「私人佔

❶ 《馬克思恩格斯全集》第 3 卷，人民出版社 2002 年版，第 295 頁。

有」這種方式，社會的經濟交往形式會變成什麼樣子。說實在的，直到今天，我們也還處於這種想象力的貧乏之中，據說，區塊鏈的技術有可能真正地實現一種共享狀態，我很期待，因為在我看來，用「共享」代替「共有」，或許有可能為我們敞開一條門縫，讓我們窺探到共產主義的一束光芒。

那麼 1844 年的馬克思究竟如何「高大上」地理解共產主義呢？馬克思是這樣說的：

共產主義是私有財產即人的自我異化的積極的揚棄，因而是通過人並且為了人而對人的本質的真正佔有；因此，它是人向自身、向社會的即合乎人性的人的復歸，這種復歸是完全的，自覺的和在以往發展的全部財富的範圍內生成的。這種共產主義，作為完成了的自然主義等於人道主義，而作為完成了的人道主義等於自然主義，它是人和自然界之間、人和人之間的矛盾的真正解決，是存在和本質、對象化和自我確證、自由和必

然、個體和類之間的鬥爭的真正解決。它是歷史之謎的解答，而且知道自己就是這種解答。❶

　　是不是有點小失望呢？我第一次讀到這裏的時候，是失望的。覺得馬克思好像賣了半天關子，批判了那麼多粗陋的共產主義，最後拋出自己對共產主義的理解，卻也好像沒說出什麼特別讓人感到驚豔的東西。在這一表述中，我們除了看到一大堆原則設定之外，沒看到任何共產主義的特別規定，共產主義究竟長什麼樣，馬克思給出的竟然是一對對哲學概念。對於不了解 19 世紀德國文化的人來說，這些所謂的人道主義、自然主義、異化以及對象化，個體和類等等都是一些空泛的名詞。

　　不得不說，這近乎是馬克思對共產主義說得最多的一次了。但就我個人而言，我卻覺得這個共產主義是可信又可愛的。首先，作為一種理想觀念，它是成立的，

❶《馬克思恩格斯全集》第 3 卷，人民出版社 2002 年版，第 297 頁。

理想總是與現實有距離的，要永遠保持一種距離的理想一定是富有哲學高度的一些原則規定。其次，它還是說出了共產主義的核心觀念，即對於私有觀念的徹底揚棄，在此，共產主義不是從「私有」轉變為「共有」，因為在這種轉變中，「佔有」觀念並沒有被真正的消除，它只是從一個人的佔有，變成為一群人的佔有。而正是「佔有」觀念的存在，使人陷入各種異化當中。所以對於私有財產的徹底揚棄，就意味着對於「佔有」觀念的徹底破除。

這就是馬克思的共產主義的一個核心設定。對於具體怎麼實施，其實當時的馬克思也沒有想好。德國人馬克思不是一個特別善於玄想的人，他在此設定了一個原則，後來就埋頭於首先批判被私有財產統治的時代，因為對於馬克思而言，共產主義從來不是一個純粹的空中樓閣，它的契機恰恰建立在被它最終放棄了的私有財產的統治的時代。如何發現這個時代的經濟運行規律，這個社會最終是如何走向衰亡的，或者說促使它儘快走到

自己終點的方式和方法究竟是什麼，這些更為現實的問題變成了馬克思此後畢生要做的事情。

　　因此，馬克思的共產主義，告訴我們，共產主義或許沒有清晰的面孔，但它卻如同一個燈塔，讓行駛在黑暗的大海中的小船有了航行的指引和方向。

後 記

為什麼馬克思
是有趣的？

　　青年馬克思是一個充滿着朝氣的詩人哲學家。他所處的年代恰逢一個被歷史學家們普遍認同的「革命的世紀」。兩者呼應，於是就產生了這樣一個唯一真正改變了世界的哲學 —— 馬克思哲學。馬克思哲學由於與時代有着密不可分的關係，因此它的形態也隨着歷史的變遷而不斷變化着；馬克思的思想曾充當着一種社會運動組織的行動綱領，它也曾是一種晦澀的哲學抑或經濟學理論，同時它還蘊含着一種犀利的社會批判視角 ——在其中，資本主義社會顯露出它隱蔽的剝削。

　　馬克思的多副面孔，原本擁有着喜怒哀樂的各種表情，但當他成為一種被人們學習、理解抑或研究的對象的時候，這張面孔難免變得嚴肅起來。當然，嚴肅，對於一種偉大的思想而言總應是其題中應有之意。但問題在於，嚴肅的理論卻難免陷入到所謂「可愛的就不可信，而可信的就不可愛」的兩難處境。馬克思，這位殿堂級的思想家，對於兩百年後今天的年輕人來說，似乎正在變得越來越難以接近。時代變了，讀者變了，馬克思的思想何以仍然能夠成為被我們所理解的思想大師呢？

　　或者這個問題本身的提法應該轉變為「為什麼今天的我們還有興趣抑或動力去閱讀馬克思？」原因很簡單，因為馬克思在我們這個時代仍然是有趣的。

　　「有趣的」英文表達（interesting）與「利害」、「利息」以及「旨歸」的英文表達（interest）是同源詞。換言之，能引發人們興趣的一定是與人休戚相關的思想。今天當資本邏輯以加速的方式蔓延全球，作為最早的、也是最

為系統的資本批判大師 —— 馬克思，他的思想光輝在今天不是消失了，而是以其富有預言性的表述吸引了更多正在探尋從資本中逃逸的當代思想者的目光。

當然，馬克思的有趣，還不僅限於這種「休戚相關」的關切，如果我們將目光轉回到馬克思的原著當中，我們會真切地感受到馬克思語言的風趣和生動。特別是青年馬克思，當他還未開始其繁重的政治經濟學批判的研究工作，當他還未完全癡迷於套用黑格爾的《邏輯學》所給出的理論框架來分析現實，他的目光所及之處是廣闊而深遠的。作為記者的馬克思活躍在各色聽證會當中，他犀利的文風成為了報紙論戰中永遠的勝利者。在批判對方思想的時候，他總會頑皮地挖苦一下對方的名字、對方的穿着、對方的朋友。不要怪馬克思太過刻薄，這是在思想上追求徹底的德國人所共有的特徵。

這種文風成就了青年馬克思思想的徹底性，也塑造了他的激進性，讓青年馬克思成為了當時德國報界的精

英知識分子。但顯然，作為一個擁有着超凡智慧的哲學博士，馬克思不會滿足於社會現象的表層描述與批判性分析，他需要更為深層次的思考和詰問。於是這種理論探求的取向成就了馬克思思想中另一種有趣的面向：他是第一個，也幾乎是最後一個，讓思想直接轉變為一種物質力量從而改變了世界面貌的思想家。

我無法想象，如果沒有馬克思，今天的世界會是什麼樣子。如果沒有馬克思，我們或者就沒有那麼堅定的共產主義信念 —— 因為若是依照那些空想社會主義者們，我們只能看到一副有關美好世界的圖畫，它與我們之間沒有過渡的橋樑；正是因為馬克思的存在，我們不僅能展望共產主義的模樣，同時更為重要的是，我們還知道了實現它的可能路徑，以及誰將是這一任務的執行者。無產階級，這個前資本主義社會中的「賤民」，抑或是在大工業時代中的勞動者，成為了未來社會的締造者。這一在今天我們看來如同常識一般的觀念，卻是那個時代的馬克思驚世駭俗的理論發現抑或思想創造。馬

克思，在這個意義上說，絕對是一個思想的探險家，他樂於嘗試打破各種理論的界限（例如哲學與經濟學之間的界限），同時又敢於提出自己的創見，哪怕這一創見需要很長時間的歷史的檢驗，才能逐漸顯現出其中的真理性。

用這樣一本小冊子去勾勒青年馬克思的思想片段是片面的，但按照我的偏見（這句話，在本書中會經常出現，因此，在某種意義上說，這本小冊子注定是一次「充滿偏見」的閱讀經歷），片面的思想反而總是包含着深刻性。那些左右逢源、面面俱到的思想體系都難免流於空泛。馬克思不是空泛的思想家，特別是青年時代的馬克思更是一個充滿了各色未成熟「意見」的年輕人。因為年輕，他無所顧忌，因為年輕，他不諳世事，也因為年輕，他將更多枯燥的研究留待了以後，因此後人在閱讀這個時期的馬克思的時候，總會覺得是富有激情和感染力的。至少這是我在重讀青年馬克思著作時的直接感受。

　　在這本小冊子中，按照時間序列閱讀至 26 歲的馬克思所完成的《巴黎手稿》（即《1844 年經濟學哲學手稿》）。馬克思的思想在這個時期之後發生了一個重大的轉折，因為在緊隨其後的 1845 年，馬克思大踏步地進入到其思想的成熟期。這本書也暫時戛然而止於此。但暫時的停頓只是為了進一步的蓄勢待發，為「有趣地」呈現成熟的馬克思而做下一步的準備。我堅信，成熟時期的馬克思，即便沒有了犀利而風趣的語言，卻仍將是「有趣的」，那將是思想的睿智與縝密而展露出的另一種「有趣」的姿態。

批判者馬克思

夏　瑩　著

責任編輯　謝禕旻
裝幀設計　林曉娜
排　　版　賴艷萍
印　　務　林佳年

出版　開明書店
　　　香港北角英皇道 499 號北角工業大廈一樓 B
　　　電話：（852）2137 2338　　傳真：（852）2713 8202
　　　電子郵件：info@chunghwabook.com.hk
　　　網址：http://www.chunghwabook.com.hk

發行　香港聯合書刊物流有限公司
　　　香港新界大埔汀麗路 36 號
　　　中華商務印刷大廈 3 字樓
　　　電話：（852）2150 2100　　傳真：（852）2407 3062
　　　電子郵件：info@suplogistics.com.hk

印刷　美雅印刷製本有限公司
　　　香港觀塘榮業街 6 號海濱工業大廈 4 樓 A 室

版次　2019 年 11 月初版
　　　© 2019 開明書店

規格　32 開（190mm×130mm）

ISBN　978-962-459-169-9